環境投資のジレンマ

反ESGの流れは
どこに向かうのか

山下真一
日本経済新聞シニアライター

日本経済新聞出版

プロローグ

世界が２０５０年の地球温暖化ガスの実質排出量ゼロを目指し動き出した。投資の分野では環境を重視した運用が当たり前のことと考えられるようになった。ところが、21年に環境投資が急速に盛り上がった後、わずか１年で突然のように縮小に向かい始めた。

「疾風怒濤の21年」と「反動と反省の22年」とも言えるこの2年間。境目には大きな断層がある。当然のことと考えられていた環境投資を、正面から再考する動きが急ピッチで始まった。環境投資を支えてきた哲学にも批判が向かい始めた。

世界が脱炭素時代へのカウントダウンを始めた中で、果たして環境投資は再出発できるのだろうか。こんな疑問が本書を書くきっかけになった。

「反動と反省の22年」は、環境投資にかかわる分野の隅々で起きた。環境への配慮を掲げた金融商品、再生可能エネルギー企業の株価、投資家や政治はＥＳＧ（環境、社会、企業統治）を重視するはずだという信念……。21年には誰もが「こうなるだろう」と考えていたことが、22年には「実際はそうなっていない」という現実を突きつけられ、１つ１つ後退を迫られた。

議論がよく整理されないまま、21年に見切り発車してしまった最も大きな問題の１つは、リターンを目指す投資と世界の環境対策がどう結びつくかについての考察だろう。個の利益を追求することと社会全体の利益を目指すことは本当に両立するのか、という古くからある課題に、はっきりした答えは出ていないように見える。

環境投資を重視する運用会社や年金基金の中には、リターンより社会への貢献の方に価値を見いだす考え方がある。たとえリターンが低くても、地球環境のためなら構わないという考え方だ。しかし、本来得られたはずのリターンを犠牲にすることに、年金受給者や個人投資家から長く理解を得られるだろうか。

一方で、環境を意識しながら高いリターンも重視する機関投資家や個人投資家もいる。こうした投資家の運用は自分たちの利益の実現を目指すから、いわば「利己的」な行動といえる。これに対し、世界の脱炭素は「社会の利益」を目指すものだ。「利己心」に従う環境投資家に任せておけば、いつかは本当に「社会の利益」を実現できるのだろうか。

環境関連企業を選別し投資を続けるか、あるいは逆に石油や石炭企業への投資をやめると、確かに環境関連企業にお金が集中し成長を支える原動力になるかもしれない。ところが、投資家の利己心は、投資先が環境か化石燃料かを見ると同時に、リターンが高いか低いかを見極める。リターンが高ければ環境企業に投資するが、そうでなければ相対的にリターンの高い化石燃料へ向かう。実際に「反動と反省の22年」にはこうした運用の実態が浮かんだ。

アダム・スミスは、利己心が「神の見えざる手」によって社会の利益につながると考えた。では、環境投資に当てはめると、見えざる手が働いて、本当に脱炭素につながっただろうか。「疾風怒濤の21年」に起きたことを振り返ると、見えざる手が存在するかどうか分からないまま、突き進んだのではないだろうか。

環境投資を脱炭素に導く見えざる手が存在するとしたら、どんなメカニズムが働くのだろうか、その答えを求めて可能な限りのデータ、論文、リポートを渉猟した。ある分野では見えざる手は十分に働いていなかった。別の分野では見えざる手など存在しないと批判され、環境投資そのものが否定されていた。

温暖化ガス排出量の実質ゼロの達成に残された時間は少ない。環境投資は隆盛と挫折の時を経て、早く新たな一歩を踏み出すことを求められている。本書が投資と環境の関係を考える一助になれば幸いである。

2023年12月

山下　真一

目次

プロローグ 3

第1章 「環境投資は是か非か」の二元論 11

バフェット氏が注目する米石油会社／銀行株からの乗り換え／LNGプロジェクトにも進出／なぜ化石燃料投資？ 環境派からは批判／ESGスコアでは業界平均下回る／投資原理主義か修正主義か／米議会からは保険事業に批判／投資とは何かが問われる／年金運用でESG考慮の逡巡／米国では州政府が対立／ラマスワミ氏の反ESGファンド／株主資本主義かステークホルダー資本主義か／ダノンの解任劇が問いかけたこと／重視するのはESG投資か運用利回りか／システミック・リスクの高まり

第2章 ESG投資の疾風怒濤と反動 41
疾風怒濤の2021年／EUタクソノミーのインパクト／反動と反省の2022年／欧州で格下げされたESGファンド／環境関連の株価が苦戦／環境関連企業の業績も苦戦／注目を集めたサステナビリティ連動債／生物多様性も達成目標に／世銀が指摘した「抜け穴」／なぜか横並びの上乗せクーポン／運用会社からも不信の声／求められる再構築

第3章 石油会社の逡巡と新動態 67
様変わりした2023年の株主総会／反対多数で否決された環境派の提案／反ESG派の株主提案も登場／議決権行使の姿勢にも変化／石油メジャー、バランスへの転換／石油会社、再び開発に勢い／米シェール油田の持続性に疑問も／新規の油田の発見が困難に／

第4章 ダイベストメントかエンゲージメントか

開発投資より株主還元の傾向も／石油会社の環境ビジネスの可能性／メジャーの環境ビジネスに批判も／世界の原油需要の鍵はEVの普及／補助金に支えられるEV／EV普及とガソリン消費の関係／EV普及に金属不足の課題／原油需要は減るのか増えるのか／生産余力の乏しいOPEC／増産に動くノルウェーの選択／化石燃料への政府の補助金も増加傾向／排出量削減への貢献を求める声も

裾野広がるダイベストメント／ダイベストメントの基準に反発も／ダイベストメント効果論／石炭事業を縮小する効果は／ダイベストメントに見直しの機運／ダイベストメントに批判の声／目先の株価への影響は限定的か／資本コストに懐疑的な見方も／エンゲージメントの台頭／両立を目指す第3の道／ダイベストメントの源流／反動と反省の後で

第5章 ESGで政治が分断される米国 139

州政府が強める反ESG／主導するフロリダ州／州政府の反ESG法に3つの類型／運用会社に対し書簡で批判／電力株を取得することへの批判／パッシブ運用に打撃／保険のイニシアチブにも批判／反トラスト法違反の論拠とは／反トラスト法違反には批判も／反ESG法に「矛盾」の指摘も／反ESG法がもたらすコスト高／反ESGに冷静な見方も／環境対策を進める民主党の州

第6章 環境の評価、適正化への模索 169

期待の高かったカーボンオフセット／カーボンオフセット市場に逆風／妥当性巡り相次ぐ訴訟／危機感の高まり、市場改革の動き／「カーボンニュートラル」広告に基準／オフセットをやめる動きも／相次いだグリーンウオッシング疑惑／欧米で規制の動き／環境格付けにも厳しい目／環境格付けの問題点を指摘する動き／環境格付けに欧州で改革の動き

第7章 環境ビジネスへの期待と現実 197
グリーン鉄鋼の台頭／「スコープ3」開示の流れが後押し／グリーンアルミにも脚光／コストの改善が普及の鍵／動き出した低炭素水素／水素の普及もコストが妨げに／航空機燃料の低炭素化に期待／再生可能エネルギーへの記録的な転換／再生可能エネルギーもやはりコストが鍵／サプライチェーンにも問題／世界の石炭需要はなお健在／石炭の需要の見通しは／脱炭素への影響に懸念

第8章 コモディティーからの警鐘 227
銅はグリーン経済の指標に／非鉄需要が原油需要を左右／米インフレ抑制法が需要を後押し／リチウムに新技術の光明／原発にウラン高騰の懸念／脱炭素シナリオに複合的な視点

エピローグ 240
参考資料 254

第1章

「環境投資は是か非か」の二元論

環境投資のジレンマ
反ESGの流れはどこに向かうのか

バフェット氏が注目する米石油会社

米国の1920年代は「狂騒の20年代」と呼ばれる。ジャズ、アール・デコが流行し、チャップリンが活躍した。大量生産、大量消費が始まり、ウォール街が湧いた。自動車、ラジオ、洗濯機などの普及が進み、「黄金の20年代」とも呼ばれる。

大恐慌を前にした時代は、既存の価値観からの転換に特徴がある。こうした時代背景のもと、石油会社のオキシデンタル・ペトロリアムがロサンゼルスで創業した。

1860年代、70年代に起源のある米エクソンモービルやシェブロンなど、後に石油メジャーとなる会社には遅れたが、小さな掘削業者から着々とビジネスを拡大。やがて石油メジャーに次ぐ地位を確立した。そのオキシデンタルの株式を、米著名投資家ウォーレン・バフェット氏が買い増している。

バフェット氏は、率いる投資会社バークシャー・ハザウェイの本社所在地にちなんで「オマハの預言者」「オマハの賢人」と呼ばれるほどの投資のレジェンドだ。バークシャーの株主への書簡によると、1964年から2022年までのS&P500種平均の年間上昇率は9・9%だったのに対し、バークシャーは19・8%と2倍だ。

バフェット氏は石油会社の株を買い増している（AP／アフロ）

バークシャーはオキシデンタル株をじりじりと買い進め、23年6月には25％を超えるレベルになった。もともとオキシデンタルが19年4月に米石油会社アナダルコ・ペトロリアムを買収する際に資金を拠出した縁があった。

バークシャーのポートフォリオに占めるオキシデンタル株の割合は、アップル、バンク・オブ・アメリカ、アメリカン・エクスプレス、コカ・コーラ、シェブロンに次ぎ6位になった（23年8月）【図1－1】。

銀行株からの乗り換え

大物投資家の中で、先にオキシデンタル株に注目したのはカール・アイカーン氏だ。過去に数々の買収劇で名を上げてきた同氏は、19年に2・

【図1-1】バークシャー・ハザウェイのポートフォリオの上位銘柄

アップル
バンク・オブ・アメリカ
アメリカン・エクスプレス
コカ・コーラ
シェブロン
オキシデンタル石油
クラフト・ハインツ
ムーディーズ

5%を購入し、1年後には10%近く保有した。それまで投資先企業に役員を送り込み、経営改善を促す方法を取ってきて、オキシデンタルでもそれを実践した。

ところが、20年の原油価格の急落もあってオキシデンタルの株価が下落、22年3月までにすべての株式を売却した。このアイカーン氏の失敗を見届けるように登場したのがバフェット氏だった。

バフェット氏は保守的な投資方針で知られ、小売株や銀行株を選好する一方、株価の変動の大きいハイテク株やエネルギー株とは距離を置いていた。ところが、20年の新型コロナの拡大に合わせるように、かつてはバークシャーの保有株の上位だったウェルズ・ファーゴ株の売りを進め、JPモルガンなどほかの銀行株も売却に動いた。ウェルズ・ファーゴについては長年株主を続けていたが、16年に顧客の承認を得ずに銀行口座を開設する不正営業が明らかになるなど、消費者向け銀行業務で不祥事が続き、ついに決断したとみられている。

なぜバフェット氏はオキシデンタルを有望と判断したのか。バフェット氏は「経営権を握る考えはない」と表明しているから純粋に投資対象としてみている。

19年8月にオキシデンタルが石油会社のアナダルコを買収、米国で有力なシェール生産地パーミアン盆地を手に入れたことで、生産量増加への期待を高めたのが一因とされる。石油会社の業績は原油価格との連動性が高いから、将来の原油高騰を見込んでいるとの解説もされた。

LNGプロジェクトにも進出

オキシデンタルには、他の石油メジャーに比べて一歩進んだ環境対策に取り組んでいるというもう一つの顔がある。

20年には温暖化ガス排出量の実質ゼロを目指す目標を発表した。その中で、自社で排出する分の「スコープ1」、電気やガスなどの利用分の「スコープ2」について、ほかの欧米石油メジャーがパリ協定に合わせ50年達成を目標にしているのに対し、オキシデンタル石油は40年までの達成を掲げた。

さらに、米国の石油大手が見送っている、サプライチェーンまで含めた「スコープ3」の目標について50年に達成するとしている。

オキシデンタルは環境ビジネスへの取り組みにも熱心だ。とくに、二酸化炭素を回収し地下に

**【図1–2】オキシデンタル石油株は割安感が指摘されている
（2017年に100ドル投資したときのパフォーマンス）**

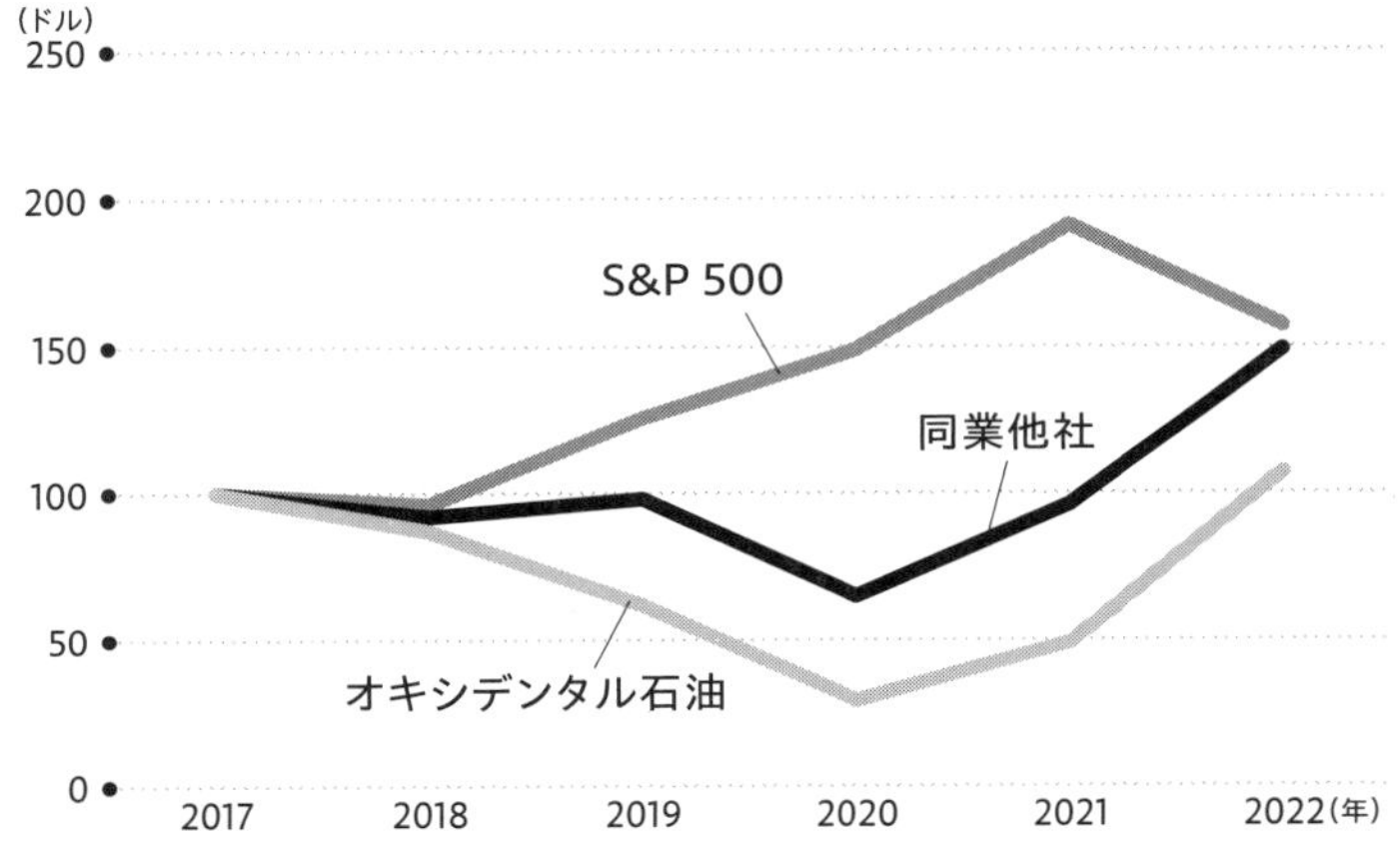

出所：オキシデンタル石油の年次資料

貯蔵するＣＣＳ（Carbon Capture Storage）や、空気中の二酸化炭素を回収するＤＡＣ（Direct Air Capture）に力を入れている。

こうした環境への取り組みが、株買い増しの理由になったかどうかをバフェット氏は明らかにしていないが、オキシデンタル株はほかの石油株に比べて割安感があることから、バフェット氏の成功ストーリーの1ページに加えられる可能性がある【図1－2】。

バフェット氏は液化天然ガス（ＬＮＧ）にも触手を伸ばしている。23年7月、バークシャーはドミニオン・エナジーからメリーランド州コーブポイントのＬＮＧプロジェクトの株式を約33億ドルで購入、保有比率は75％になった。

この投資も「成功案件」とみられている。米国のＬＮＧ輸出量はもともと増加傾向にあったところに、ロシアによるウクライナ侵攻をきっかけにした、欧州の天然ガス危機が拍車をかけた。ドイツ向けなどが増え、22年のＬＮＧ輸出量は19年の2倍だ。東海岸に位置するコープポイントは主要な輸出施設で、欧州向け輸出では中心的役割を担っている。世界のＬＮＧ供給で中東と二分する米国の輸出拠点に投資することは理にかなっているとの評価だ。

なぜ化石燃料投資？　環境派からは批判

「株式を保有しているのは、株式を売買の手段と見なしているからではなく、その長期的な業績に対する期待に基づいている。私たちは株式銘柄選択者ではなく、ビジネスを選ぶ人だ」。バフェット氏は株主への書簡でこう説明している。

オキシデンタルにしても、ＬＮＧプロジェクトにしても、短期的な株価上昇への期待より、将来のビジネスの成長性に期待して投資している。つまり、一般的に考えられているように化石燃料ビジネスは衰退するどころか、今後も伸びると判断しているようだ。

つい数年前なら、こうしたバフェット氏の投資は「先見の明がある」と称賛されただろう。ところが20年ごろから、投資の世界の風向きが変わった。

「なぜいまさら石油株に投資するのか」「時計の針を逆さに回すようなものだ」

こんな批判の声が次々に起きた。時代は変わったのである。今や、石油、石炭など化石燃料株に投資しないことこそが「責任ある投資」と評価される時代になった。高いリターンを追求することより大切な価値があるだろう、と多くの人が考えるようになった。

「責任ある投資」は2006年、当時のアナン国連事務総長が提唱した「責任投資原則」（PRI）が出発点になっている。

投資にESG（環境、社会、企業統治）の視点を取り入れることを狙っている。これには6つの原則があり、例えば投資決定と意思決定のプロセスにESGの課題を組み入れる、投資対象にESG課題について適切な開示を求めるなどを掲げている。

このPRIに署名すると署名機関と認定され、ESGへの取り組みに前向きな投資家との評価につながる。世界の署名機関は年々右肩上がりで推移しており、23年3月末時点で、5381と1年で約10％増えた。

PRIが導入されて以降、世界の投資の潮流は大きく変わった。企業がどれだけ環境を重視した戦略を持っているかが厳しくチェックされるようになった。

格付会社は企業のESGへの取り組みを採点し、企業は環境対策に調達した資金を使うグリーンボンドを相次ぎ発行した。金融分野でいわばパラダイムシフトが起きた。

そうした中で、世界の年金基金を中心に、化石燃料株への投資をやめることで、化石燃料の企業に圧力をかけ脱炭素を促すという「ダイベストメント」もブームになった。

例えば世界最大の年金基金の1つ、オランダのABPは21年10月、保有する石油株の売却を発表した。

23年5月には、カリフォルニア州上院が、同州の職員退職年金基金（カルパース）と教職員退職年金基金（カルスターズ）に対し、化石燃料企業への投資の停止を求める法案を可決した。24年以降、上場している大手化石燃料200社への投資を禁止する内容だ。

責任ある投資が隆盛の時代を迎え、洗練された投資家はESG要因を重視するのが当たり前だというコンセンサスが生まれた。

バフェット氏が石油株を買い増したのは、そんな時代背景のもとだった。

ESGスコアでは業界平均下回る

投資で高い運用成績を上げることだけが、投資家を評価する軸ではなくなった。そのことを象徴しているのが、ずばぬけた成績を上げてきたバークシャーが、業界平均以下の評価に甘んじているESGスコアだ。世界の格付会社が、企業の環境、ガバナンスなどへの取り組みを独自に評価したＥＳＧスコアを発表している。それをみるとバークシャーの評価は軒並み低い。

米国モーニングスターグループのサステイナリティクスは、バークシャーのＥＳＧリスクを「ミディアム（中程度）」に分類した。23年7月時点で、業界内では８９7社中１８９位にとどまる。

米ジャスト・キャピタルも、大気汚染の削減の項目では業界の平均を下回る点をつけた。温暖化ガス排出量の削減対策による気候変動では業界平均、環境全体でみると業界平均を下回る評価をしている。ＥＳＧ全体では１２５点満点で42・7点と、同業15社の中で13位だ（23年8月末時点）。

運用では歴史に残るような特待生レベルの成績を上げても、環境への取り組みでは平凡な評価しか与えられない。パラダイムシフトが起きてから市場の評価軸は２つになった。

投資原理主義か修正主義か

バフェット氏の考え方には、投資するかどうかの判断は純粋にリターンを優先するべきで、ＥＳＧ（環境、社会、企業統治）の価値観を持ち込むべきではないという方針が基本にある。こうした伝統的な投資方法を重視する考え方は「投資原理主義」と呼べるだろう。

これに対し、ＥＳＧを評価軸に加える新しい考え方は、従来の投資に新しい価値観を盛り込むから「投資修正主義」と呼ぶことができる。

バフェット氏が投資にどういう考え方で臨んでいるかは、毎年開かれるバークシャーの年次株主総会でうかがい知ることができる。そこでは、投資家としてだけでなく、経営者としても原理主義の顔をのぞかせる。

21年５月の株主総会。世界最大の資産運用会社、米ブラックロックが環境投資を強化し、「修正主義」へと傾斜した頃で、バフェット氏との立場の違いを際立たせる総会になった。

この年注目を集めた株主提案は「バークシャーが気候変動にどのように取り組んでいるかについて年次報告書を作成せよ」「職場における多様性について開示せよ」という内容だった。

これに対し、バフェット氏は、バークシャーは分散型のビジネスモデルをとっており、すべての事業部門に画一的な基準を課すのは不合理で、すべての子会社にＥＳＧ報告書を要求するのは「馬鹿げている」と述べている。

さらに、企業に対して「道徳的判断」を下したくないとして、どの企業が社会に利益をもたらすかを決めるのは「非常に難しい」と述べた。企業は株主の利益を最優先すべきとの従来からの考え方を象徴するような答えだった。総会で株主提案は結局、否決された。

注目されたのは提案に賛成票を投じた株主の中にブラックロックが含まれていたことだ。ブラックロックは「バークシャーは長期間、好調な財務実績を誇ってきたが、持続可能性への配慮が業績の重要な要素となりつつある世界に同社が適応していない、という懸念があった」としている。

投資先に環境への配慮を求める立場からすればバークシャーのやり方は受け入れられないというわけだ。

23年5月の株主総会。このときに注目された株主提案は「気候変動や従業員の多様性についてもっと情報開示せよ」という内容だった。カリフォルニア州職員退職年金基金（カルパース）が、気候変動リスクに関する報告の改善を求める株主提案に賛成するよう呼びかけるなど、注目を集めた。

しかし、投票の結果、気候変動関連のリスク開示や、従業員の多様性を推進する取り組みの開示を求める提案は圧倒的多数で否決された。

バフェット氏の投資原理主義は高い運用成績を上げ、株主総会でも高い支持を得た。パラダイムシフトが起きた中にあっても、いささかもぶれていないように見える。

米議会からは保険事業に批判

バフェット氏は米議会からも批判にあっている。

23年6月、米上院予算委員会からバフェット氏に環境に対する姿勢を問いただす書簡が送られた。「Dear Mr. Buffet」で始まる書簡は、バークシャーの手掛ける保険事業に焦点を当て、鋭く切り込んだ。

予算委は事前に、気候変動に関する経済リスクを検証する公聴会を開いていた。そこで証言した保険業界幹部、エコノミストらは口をそろえ、気候変動が、経済にドミノ倒しのように影響する「システミック・リスク」について警鐘を鳴らしていた。

中には、気候変動による海面上昇と暴風雨で、米国の沿岸部の不動産が保険の対象外になり、住宅ローンが組めなくなって、不動産価値が暴落する可能性があるという警告もあった。気候変動に関連した損失を保険業界が抱え、すでに地方の保険会社が債務超過に陥っているという指摘もあった。

こうした議論を踏まえ、予算委員会は「バークシャーとその様々な保険子会社が、気候関連リスクをどのように評価して、化石燃料を拡張するプロジェクトへの投資や引き受けを決定し、そ

米国・フロリダの暴風雨では大きな被害が出た（2023年10月、AP／アフロ）

うしたプロジェクトを保証する保険にどのような価格を付けているのか、について聞きたい」と問いかけた。

バークシャーの化石燃料に対する基本的な考え方については、さらに厳しい言葉を投げかけた。

「バークシャーの保険会社は、化石燃料プロジェクトの引き受けや投資を制限する措置を取っていない遅れた企業として際立っている。ほとんどの大手保険会社が世界的に新しい石炭プロジェクトの保険から手を引いている中、バークシャーは引き受けを続けている」

「あなたは『バークシャーの投資判断において、気候変動が材料になるべきだと思わない』と述べている。気候変動の目標に沿った、化石燃料投資の縮小を拒否するあなたの姿勢は多くの保険業界のリーダーの立場と矛盾している」

つまり、保険業界が一丸となって脱炭素に向けて動いているのに、なぜバフェット氏はかたくなに一線を画すのかと、問いただした。言い換えると、時代が投資修正主義に動いているときに、なぜ原理主義のままなのかと経営哲学を問いかけた。

委員会は、バークシャーは石炭、石油、ガスの新規および拡張プロジェクトの引き受けを縮小する考えはあるのか、段階的に廃止する計画を持っているか、など8項目にわたる質問を掲げた。バークシャーへの批判はどれも、いわば原理主義から修正主義への転換を促す内容だ。環境を重視する時代が来たのだから、投資も経営も変わるのは当然ではないかと迫っている。21年ごろからとくにこうした動きが強まった。孤高のバフェットと新しい時代の理念は交わることはないのだろうか。

投資とは何かが問われる

投資に関して言えば、理念のぶつかり合いという抽象的な議論で、方針を決められるものではない。肝心なのは、どちらの考え方に従って運用すれば高いリターンが得られるかだ。ある意味、投資のプロセスがどうであるかよりも、運用の成果が問われる厳しい世界なのだ。

環境派の株主や議会から、化石燃料企業への投資や保険の引き受けを批判され、方針転換したとしよう。その結果、仮に運用成績や企業業績が悪化した場合、責任を問われるのは投資家と経営者ではないのか。投資家や企業が変化に慎重になるのはこうした考えからだ。

環境投資を進めるべきだという国際世論に賛成しても、実際には投資家がなかなか前に進まないのは、考え方が古いのではなく、運用成績という重い責任を負っているからだ。

バフェット氏の一貫した姿勢は、投資は何のため、誰のためにするのか、という本源的な問題を問いかけている。

そもそも投資には、長年の模索の中で確立されてきた原則がある。例えばリスクを減らす方法の1つに分散投資がある。ポートフォリオに国内株、海外株、国内債券、海外債券などを分散することでリスクを抑える。投資する業種でも、電機株、自動車株、医薬品株、不動産株、金融株など分散して組み込むことでリスクを抑える。

金利が上昇したとき増益になる業種と減益になる業種の両方を入れることで、金利変動リスクに備えることができる。円安になると恩恵を受ける銘柄と損失が拡大する銘柄を組み込むことで為替の変動に備えることができる。

ところが、ダイベストメントのように、化石燃料株だからという理由でポートフォリオから石油、石炭株を外すと、リスクを分散する投資が成立しない。投資の原則から離れてしまうことになる。

ダイベストメントのような新しい投資の方法が、従来からの投資の原則に取って代わるとしたら、どれだけ成果があるのかを示すことが前提になるだろう。

年金運用でＥＳＧ考慮の逡巡

環境関連株ばかりに投資していてリターンは上がるのか、という切実な問いかけもある。老後の貴重な年金を運用する時に、こうした考え方の対立がとくに先鋭化する。老後の生活資金は、富裕層でない限り、リターンを優先して欲しいというのが本音だからだ。

米国では、年金の運用にＥＳＧの要素を考慮することが許されるかどうかで、政策が二転三転した。

共和党のトランプ政権下では年金運用に際し、ファンドの運用者が投資判断にＥＳＧ要素を考慮することを制限した。年金受給者の不安の声を反映したという。従業員退職所得保障法（エリサ法）を改定し「年金運用は金銭的要素に基づいて商品を選定すべきだ」という方針を明確にした。

その後、民主党のバイデン政権に交代し、見直しが始まった。政権の指示を受けた労働省が検討を始め、一般から意見を募集した。受け取った約９００件の意見では97％がトランプ政権時代の規則の見直しを求めていた。

2022年11月、バイデン大統領の提案に沿って、エリサ法を改定し、受託者は投資先を決定する際、ESG要素を考慮することを認める新規則を発表した。

米労働省は「年金投資家の決定は、投資リスクとリターンの分析に関連する要因に基づかなければならず、これは気候変動やその他の環境、社会、企業統治要因が含まれる場合がある」としている。

政治の世界でも投資の原理主義と修正主義は対立しているのだ。

米国では州政府が対立

米国の州レベルでは、この対立が最も先鋭化している。

共和党の州知事がいる州は概してESG投資に批判的だ。共和党を中心にした知事19人が23年3月、「米国経済の活力を脅かすESGの動きから個人を守る」という声明を発表したほどだ。

共和党のトランプ政権下で年金運用からESG要素を排除する方針を出した流れを、州政府が引き継いでいる。民主党の州では逆にESG投資の導入に積極的だ。

政治問題化するESG投資に対し、環境投資を推進する金融機関や投資家は懸念を強めた。23

年3月、全米の270の企業、銀行、年金基金などが、ＥＳＧ投資を進める投資家擁護ネットワークのセレスが立ち上げた「投資の自由」イニシアチブに署名した。

ＥＳＧ要素を考慮するかどうかは、政治が決めることではなく、投資家の自由であるとの立場だ。

イニシアチブを支持する運用会社フランクリン・テンプルトンは「投資家には、慎重さ、忠実さ、注意深さを持って行動する、侵すことのできない受託者責任がある。そのためには、リスクとリターンに影響を与えうるすべての問題を考慮する必要がある」としている。

デラウェア州財務長官は「主要な投資家や企業の多くが、意思決定において気候変動の影響を考慮するようになってきているのは、それが賢いビジネスだからだ」としている。

一時期、ＥＳＧ投資に代表される修正主義の存在感が急速に高まった。ところが、バフェット氏のような原理主義も引き続き健在だ。二元論は当分、平行線が続きそうだ。

ラマスワミ氏の反ＥＳＧファンド

バフェット氏の考えに近い新たな有力投資家が米国に現れた。ビベック・ラマスワミ氏だ。まだ30代のラマスワミ氏は、バイオ医薬品会社の創設などを経て、23年2月、24年の米大統領選へ

意欲を示すラマスワミ氏（AP／アフロ）

共和党からの出馬を表明した。

ハーバード大学アメリカ政治研究センターとハリス・インサイト・アンド・アナリティクスが23年7月発表した世論調査によると、共和党予備選で誰に投票するかという問いに、トランプ氏との回答は52％、フロリダ州知事のデサンティス氏は12％で、ラマスワミ氏は6月より8ポイント増え10％だった。

共和党の3番手として注目されるラマスワミ氏は20年、オハイオ州コロンバスに、「反ＥＳＧ」を志向するストライブ・アセット・マネジメントを立ち上げている。

22年8月には最初の上場投資信託（ＥＴＦ）「米国エネルギーＥＴＦ」を売り出した。運用の目的を「大手のＥＳＧ関連資産運用会社が課す社会的課題ではなく、石油とガスの生産拡大などを通じた卓越性への注力を企業に義務付けることで、米国のエネルギー部門の可能性を解き放つことだ」としている。

ほかのＥＴＦも含め「環境や社会を動機とする株主提案には原則反対するという委任状投票ポリシー」を掲げている。米国エネルギーＥＴＦは立ち上げから1週間で運用資産が1億ドル、出来高が1億6000万ドル、2週間で運用資産2億3800万ドル、出来高は3億2000万ドルと急速に人気を高めていった。

ラマスワミ氏の反ＥＳＧの姿勢は徹底している。23年1月には議決権行使の助言会社の設立を発表した。

有力な議決権行使の助言会社にはＩＳＳ（Institutional Shareholder Services）とグラスルイスの2社がある。ラマスワミ氏は「ＥＳＧ価値を向上させるために誘導している」と批判している。新たな議決権行使の助言会社は「顧客の投資口座の価値を最大化することのみを目的として行われており、社会的または政治的目的を推進するという動機はない」と宣言した。

ラマスワミ氏以外の反ＥＳＧファンドを含め、従来の投資方法に疑問を持つ投資家の資金が集まった。

モーニングスターによると、23年6月時点で27の反ＥＳＧファンドがあり、資産総額は3月末時点で21億ドルに達し、1年前の総額の7倍になった。兵器や化石燃料などの業界への投資が平均以上に高く、ESG寄りの株主決議に反対票を投じている。

反ESGファンドは勢いを得たように見えるが、中には資金が集まらず、23年6月に清算に追い込まれたファンドもある。

当初の勢いが衰え、苦戦するファンドが出始め、23年1〜3月期の資金流入は急速に失速した。モーニングスターは「反ESGファンドは多くの話題を集めたが、持続力があるかどうかは明らかではない」とみている。反ESG投資もまだ模索が続いているのだ。

株主資本主義かステークホルダー資本主義か

投資原理主義か修正主義かという議論は、大きな枠組みで見ると、株主の利益を最大化するのが企業の目標だとする株主資本主義か、消費者、取引先、社員などにも配慮するステークホルダー資本主義か、という議論に行き着く。

バフェット氏の考え方は、経済学者のミルトン・フリードマンが経営者の義務は株主の利益を最大化することで、社会的な問題や公益に関わるべきではないと主張した系譜にあるとみることもできる。ラマスワミ氏もこの株主資本主義の系譜だろう。

一方のステークホルダー資本主義が大きく脚光を集める1つのきっかけになったのは20年1月

の世界経済フォーラムの年次総会、通称「ダボス会議」だ。

ダボス会議は政治、経済、文化など各分野のリーダーが招かれ、演説や討論によって地球規模の課題の解決を目指す。各国首脳が参加して2国間の外交を展開することもあり、注目度は高い。

ダボス会議のマニフェストは冒頭で、「企業の目的はすべてのステークホルダーを持続的な価値創造に参加させることにある。そのために企業は株主だけでなく、従業員、顧客、サプライヤー、地域社会、社会全体といったすべてのステークホルダーに奉仕する」と宣言した。

世界経済フォーラムの創設者のクラウス・シュワブ氏は「この瞬間を捉えてステークホルダー資本主義を新しい支配的なモデルにしよう」と呼びかけた。

さながらステークホルダー資本主義の開幕宣言のようだった。こうした掛け声に呼応する経営者もいて、裾野拡大に一定の役割を果たしたのは間違いない。

ダノンの解任劇が問いかけたこと

ところが、時代は必ずしも直線的に進まないことを思い知らされる出来事が起きた。

21年3月、仏食品大手ダノンはエマニュエル・ファベール会長兼最高経営責任者（CEO）の

【図1−3】ダノンの営業利益

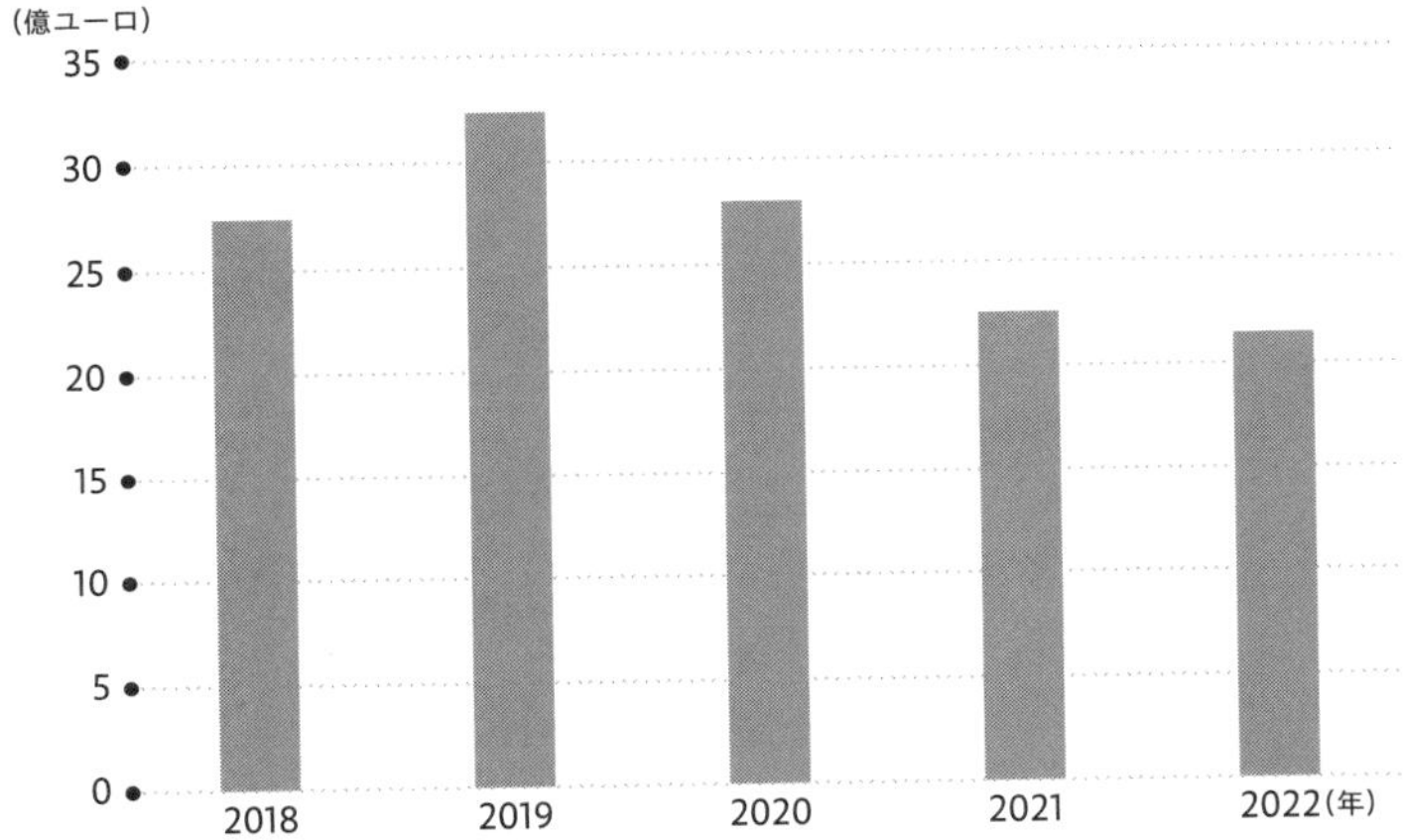

退任を発表した。

株主のアーティザン・パートナーズとブルーベル・キャピタル・パートナーズから出された解任を求める提案に、多数の株主が賛成した。

ファベールCEOは環境問題への取り組みや持続可能なビジネスに熱心だったが、業績が同業他社を下回ったこともあり批判にさらされていた【図1−3】。

ファベールCEOは環境問題への取り組みで2つの大きな取り組みをした。1つは、20年6月にフランスの会社法に基づく「Entreprise à Mission(使命を果たす会社)」になったことだ。社会的、環境的目標を定款に定め、監督を受ける。いわば社会的な評価を受ける勲章のようなものだ。

もう1つが「B Corp認証」の取得だ。B Corp認証は、米ペンシルベニア州の非営利団体Ｂ Ｌａｂが運営し、社会、環境に配慮した事業で基準を満たした企業に与えられる。世界的に良い会社として評価を受ける手掛かりになる。

ファベールＣＥＯが強く意識したのはステークホルダー資本主義だ。その証拠に、株主の圧倒的な支持を得て「Entreprise à Mission」になることを発表したとき、「ミルトン・フリードマンの銅像を倒した」と宣言した。株主資本主義への対抗が念頭にあったことをうかがわせる。

しかし、最後には逆に株主資本主義からの逆襲を受けることになった。株主はダノンの経営者に、良い会社という勲章だけでなく、高い利益の成長も求めた。

解任を主導した株主は、後任のＣＥＯについて「株主価値の創造とＥＳＧへのコミットメントを両立させることのできる優秀なＣＥＯを全面的に支持している」と述べている。

ダノンで起きたことは、株主の利益と企業の環境対策の間に隔たりがあることを世界に示した。企業の株主は業績や株価の低迷をいつまでも容認してくれない。ファベールＣＥＯの環境問題への取り組みを評価したはずの株主が突然のように姿勢を転換してしまう。投資の分野でも、環境関連株の株価が低迷すると、環境を意識する投資家ですら乗り換えてしまう。

ステークホルダー資本主義が勢いを増す中で、株主資本主義を忘れていいのか、と問いかけているように見える。

重視するのはＥＳＧ投資か運用利回りか

投資の分野がＥＳＧ投資に大きく傾斜しているように見えて、実際にはまだ深くに浸透しているとはいえない。国内の企業年金基金のうち、国連の「責任投資原則」（ＰＲＩ）に署名したのは10社にも満たない。ほとんど増えないのは、リターンを重視し、ＥＳＧ投資に踏み切れないことの表れとみられている。

ＥＳＧ投資を進めて、環境に優しい企業との評価を受けたとしても、運用利回りが低くなった場合、年金受給者にどう説明するのかというのが本音だろう。

北米の投資家もリターンを重視するのは同じだ。

「欧州では当局の規制をＥＳＧ投資の障害と見る傾向があるが、北米の投資家はリターンがマイナスになることを最大の障害と考えている」。金融情報サービス会社のＰｉｔｃｈＢｏｏｋが実施した23年の「持続可能な投資調査」でこんな実態が浮かんだ。リターンへの懸念を示したのは、欧州投資家では回答者の2割程度だったが、北米投資家は4割を超えたという。

また、「米国では、ＥＳＧ投資を行う場合、受託者責任を果たしているかどうかについて議論がある。一方、欧州ではＥＳＧを利用しない限り受託者責任を果たしていないと言われる」という。ＥＳＧ投資へと世界が一様に動き始めたと考えがちだが、地域によって温度差があるのだ。

ＥＳＧ投資が隆盛だった21年に比べ、投資家の姿勢は大きく変わったことを示す分析もある。米金融大手チャールズ・シュワブの23年のリポートによると、「英国の投資家は投資を検討する際に2年前に比べてＥＳＧ要素を重視しなくなっている」という。

強力にＥＳＧに取り組む企業がより魅力的であると考える投資家の割合が2年前の75％から68％に7ポイント減少。21年12月には、投資家の半数以上（55％）が、株価のパフォーマンスが低いかどうかに関係なく、サステナブル投資を優先していたが、現在はその割合が47％に減少し、収益を重視する傾向があるという【図1－4】。

一方、新たな投資を行う際にＥＳＧを考慮する投資家の数も減少し、21年の44％から2年間で6％ポイント減少し38％になった。世代別で見ると、投資の際にＥＳＧ要素を考慮する可能性が最も低いのは団塊の世代（23％）で、次いでＸ世代（32％）、ミレニアル世代（49％）だった。

チャールズ・シュワブは「利益を最大化する必要性が明らかに重要性を増しており、投資決定にＥＳＧ関連を考慮に入れる投資家は減少しているようだ」としている。

【図1-4】投資家の意識は2年間で変わった

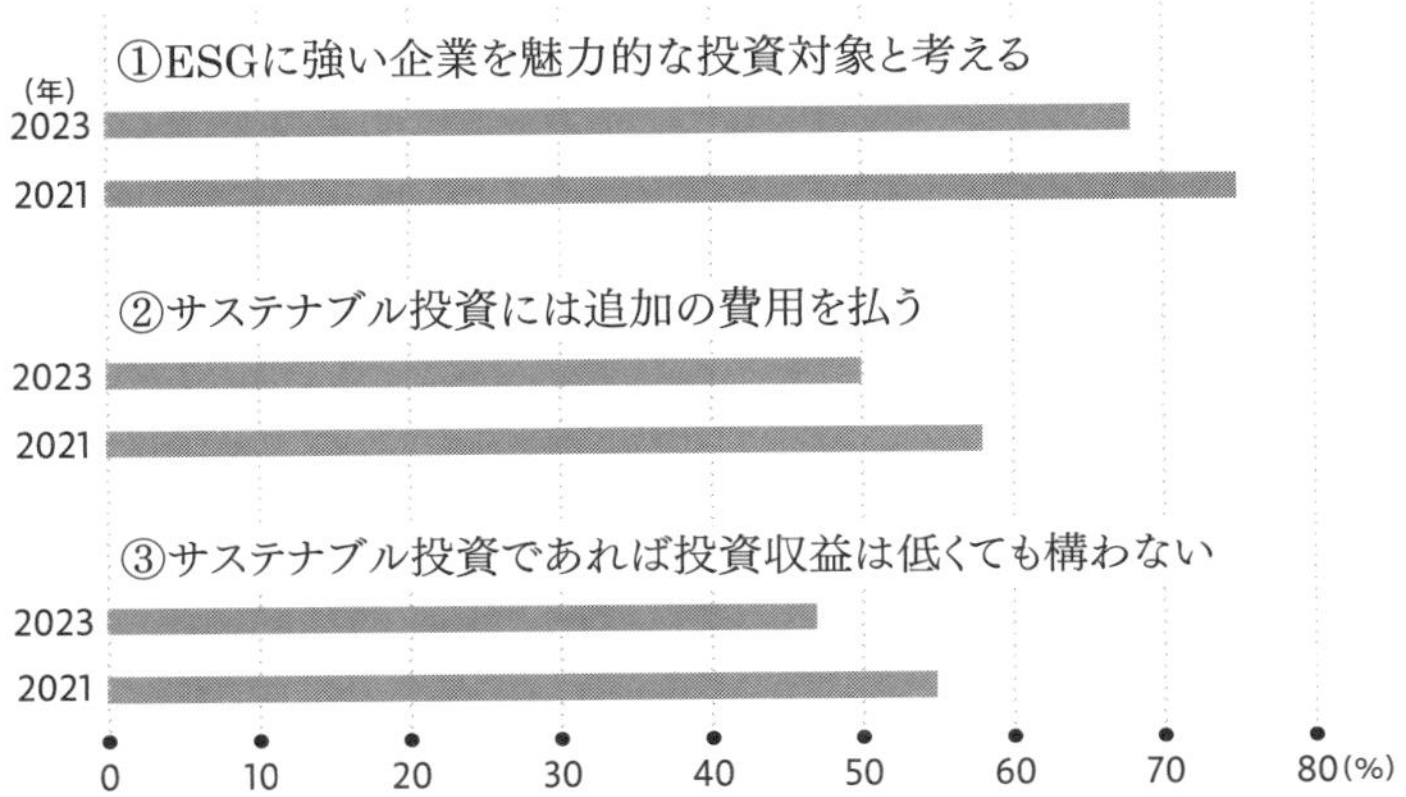

出所：チャールズ・シュワブ

システミック・リスクの高まり

23年5月、米カリフォルニア州で住宅向け保険事業を展開しているステート・ファームは「ビジネス向け、個人向け損害保険の新規申し込みの受け付けを停止する」と発表した。インフレを上回る建設コストの増加に加え、山火事など急速に増大する大きな災害のリスクに対応するためとしている。

世界各地の異常気象がビジネスや経済に影響を与え、金融システムを揺さぶるリスクが警戒され始めている。

「気候変動が激化するにつれ、自然災害や気温の温暖化により資産価値の下落が起こり、金融システム全体に波及する可能性がある」。23年

3月、米国のジャネット・イエレン財務長官はこう警告した。

「温暖化ガス排出量の実質ゼロ経済への移行が遅れ、無秩序になれば、金融システムにも衝撃をもたらす可能性がある。これは仮説ではなく、すでに起こり始めている」と分析。5年間で10億ドル規模の年間災害件数が1980年代と比較して少なくとも5倍に増加しているとして、「気候変動を考慮することは賢明なリスク管理だ」と主張した。

もはや投資家も、ポートフォリオでこうした気候変動リスクを無視できなくなっている。例えば食品メーカーは気候変動により、長年生産してきた地域で農作物の収穫量減少に直面している。投資家にすればあらかじめ食品メーカーがどういう異常気象のリスクにさらされているかを知っておくことは大切だ。

企業が気候変動によってどの程度影響を受けるかについて情報開示も進んでいる。ESG投資に批判的な投資家にとっても、異常気象のリスクが株価のパフォーマンスにどう影響するかについて情報を得ることは、企業の信用リスクと同様に不可欠になっている。

ただ、問題は、こうした情報の活用の主な目的が、ポートフォリオをリスクから守ることにあることかもしれない。どの企業が環境ビジネスの分野で先駆的であるとか、環境対策に前向きであるといった情報をもとに積極的に投資するのではなく、どの企業が気候変動リスクに対し脆弱かを知ってポートフォリオから外すというネガティブな活用だ。

これではポートフォリオの防衛にはなっても、投資が地球環境の改善に貢献する道筋は見えてこない。

15年にパリで開かれた第21回国連気候変動枠組み条約締約国会議（ＣＯＰ21）で採択されたパリ協定は、世界の平均気温上昇を産業革命前に比べて２度より低く保ち、１・５度に抑える努力をするという内容だ。

そのために投資家が何をできるのか考えるのは当然の流れだ。その一方で投資家には運用成績というもう一つの重要な目標もある。

なぜＥＳＧ投資をしないのかと責められたら、多くの投資家は、運用成績を問われないならいくらでもＥＳＧ投資をすると答えるだろう。高い理想を受け入れても、現実にはまだ運用成績と両立することは難しいのだ。

バフェット氏のオキシデンタル株買い増しを出発点に、環境を重視する投資が是か非かという議論、その裏側にあるステークホルダー資本主義か株主資本主義かの議論を展望してきた。隔たりの大きい二元論は、どちらが正しい選択かを決めるには、状況が複雑すぎるように見える。

第2章

ESG投資の疾風怒濤と反動

環境投資のジレンマ
反ESGの流れはどこに向かうのか

ＥＳＧ（環境、社会、企業統治）について、投資家によって大きく立場が違うことをみてきた。ＥＳＧ投資と距離を置く投資家がなお多い状況のもとでは、環境関連の投資商品への資金の出入りは安定しない。２０２１年に急速に盛り上がりを見せた後、わずか１年で反動が起き、一気に減速した。

慌ただしい資金の出入りは、環境関連の商品がまだ投資先として定着していないことをうかがわせた。

疾風怒濤の２０２１年

環境投資の歴史の中で21年は記念碑的な年だったかもしれない。世界の投資家がＥＳＧに焦点を当てた商品へ一気に駆け込んだ。

まず、株式や債券の投資ファンドに大量の資金が流入した。20年10～12月期、世界のＥＳＧやサステナブル関連の投資ファンドへの資金流入は１５００億ドルを超えて過去最高になった。21年に入っても1～3月期は１８００億ドルを超え過去最高が続いた。21年の年間では20年の２倍近い水準に跳ね上がった【図２－１】。

欧州市場が先頭を走り、米国市場でも21年に約７００億ドルの資金が流入、20年を35％上回る

【図2-1】ESGファンドへの資金流入は21年と22年で急変した

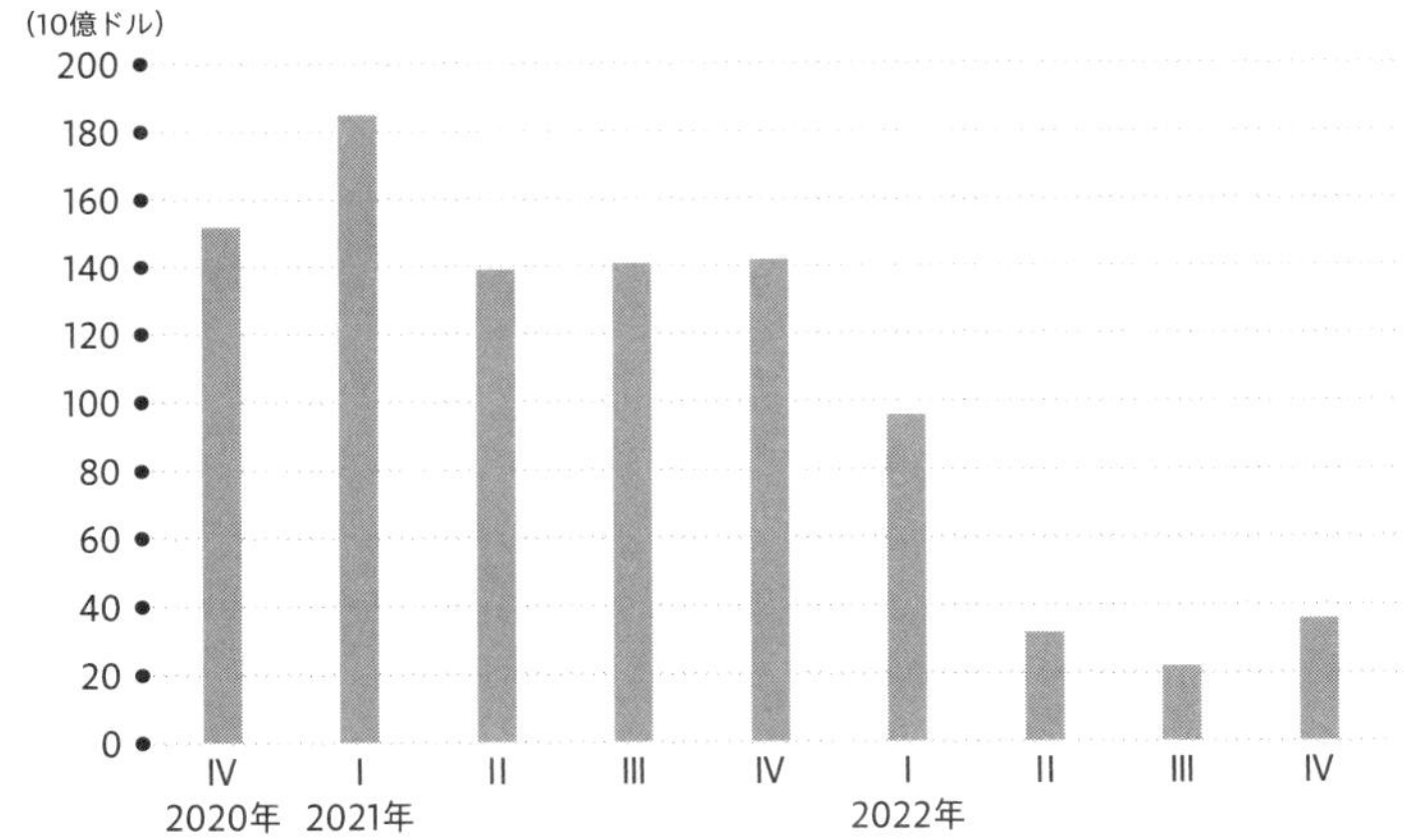

出所：モーニングスター

水準になった（いずれも調査会社モーニングスター調べ）。

ＥＳＧを考慮したファンドは21年、突然のように存在感を増したわけではない。その前に成長する下地があった。

最大の推進役は欧州連合（ＥＵ）が相次ぎ実施した政策だ。これが呼び水となって投資マネーを引き付けていった。

ＥＵ各国は、温暖化ガス排出量の削減目標を達成するため財政支出を増やした。そのうえで、企業に対し脱炭素を推し進めるとともに、民間の金融部門の資金を呼び込んで、車の両輪として機能させる計画を立てた。

ＥＵタクソノミーのインパクト

まず、ＥＵは18年、サステナブル・ファイナンス・アクション計画を採択した。そこでは次のような目標が示された。

⑴持続可能で包括的な成長を遂げるため、資本の流れを持続可能な投資に向けさせる
⑵気候変動や社会的課題に起因する金融リスクをコントロールする
⑶財務、経済活動において透明性と長期的視野を育む

この目標を次々と実行に移し、20年7月には「ＥＵタクソノミー」を施行した。

企業が、環境に配慮したビジネスをしていると主張しても、それが本当に環境と関係しているかどうかは不透明だ。タクソノミーは企業の活動のうち「何が持続可能なビジネスか」「何がグリーンか」についてＥＵの統一基準を示したものだ。

大きな区分として①気候変動の緩和②気候変動への適応③循環型経済への移行④水資源と海洋資源の持続可能な利用と保護⑤汚染の防止と制御⑥生物多様性と生態系の保護と回復、の目的を

掲げた。サステナブルな活動と認められるには、この1つ以上に貢献することが必要と決めた。例えば「気候変動の緩和」の項目では、エネルギーの分野で、太陽光や風力をはじめ、地熱、バイオ燃料発電などの温暖化ガス排出量の基準を示し、どこまで含まれるのかを明確にした。サステナブルな活動の定義を明確に示し、企業に対して基準に沿って事業を展開することや情報開示することを求め、投資家が投資判断をする際に企業の活動がサステナブルかどうかを見極めやすくした。投資マネーを正しく環境事業に導く効果を狙っていた。

こうした政策意図がはっきりと現れたのが、21年10月、EUが開いた第1回サステナブル投資サミットだ。

「持続可能性への投資意欲はかつてないほど高まっている。コインの裏を返せば、世界はより持続可能な経済への移行のため巨額の投資を必要としている」。フォンデアライエン欧州委員長は、サミットの冒頭あいさつでこう話した。

さらに続けた。「世界中の企業が、環境に配慮し、持続可能なソリューションを開発することに意欲的である。彼らは大胆で革新的なアイデアを持っており、多くの場合、プロジェクトを実現するための資金を必要としている。つまり、持続可能な投資の需要と供給をどのように結びつけるか、気候変動との戦いに勝利するために世界が必要とする巨額の資本をどのように動員するか、という問題である」

企業が環境対策への取り組みを強化しているのだから、後は投資家の資金をどうやって組み込むかを考えようと呼びかけている。

「地球の健全性は、持続可能な投資の世界的な波によってのみ改善される。そして2021年は、気候変動との闘いで決戦の年となる可能性がある」「欧州だけでなく、世界全体、そして将来の世代のために、気候変動との闘いのための資金調達の道を切り開く」

こうして投資資金を呼び込むためのEU挙げての取り組みが始まった。呼応するように投資家の意識も大きく変わった。

クレディ・スイスが21年に発表したスイスの年金基金を調査した結果によると、投資の際にESG基準を考慮する年金基金が増え、「運用資産の60%以上をサステナブル基準で投資している年金基金の割合は、3年前の11%から現在の28%まで拡大し、この割合は今後3年で半数近くまで拡大する」という。

個人の意識も変わった。アイルランドの大手保険会社が実施したESGについての個人の意識調査では、調査対象1200人のうち、3分の2が投資前にESG要因を考慮することが重要だと答え、この割合は年金の受給者では4分の3に上った。しかも、年金受給者の51%が気候変動対策に取り組んでいる企業への投資を増やしたいと回答している。

EUが目指した通り、21年に企業と投資家が呼応しあって車の両輪がかみ合い始めた。多くの市場参加者は、ＥＳＧ投資がこのまままっすぐ成長するものだと考えていた。

後々浮上する様々な問題はいずれも深刻なものだが、21年には「環境に役立つ」という理念が先立ち、警戒する声は小さかった。

反動と反省の２０２２年

21年に前へ前へと進むはずだったＥＳＧファンドへの投資が、22年、思わぬ形で挫折した。巨額の資金を集めた世界のサステナブル投信から、今度は引き潮のように資金が撤退した。22年7～9月期の世界の資金流入額は21年10～12月期と比べて約2割に低下した。「まるでバブルがはじけたようだ」と言われるほど、投資マネーは急激に撤退した。

ロシアによるウクライナ侵攻で燃料価格が高騰し、インフレ圧力が持続したこと、欧米主要国が金利を引き上げたこと、景気が後退するとの懸念が浮上したこと……。複合的な要因が世界のファンド市場を取り巻いた。

しかし、最も大きいのは欧州の投資信託を巡るルール変更だった。投資家は敏感に反応した。

21年3月に施行された欧州連合（ＥＵ）の情報開示規則であるＳＦＤＲ（Sustainable Finance Disclosure Regulation）。様々な種類の投信を、準拠する法令に応じ6条、8条、9条に分類した。

このうち9条は持続可能な投資を目的とする金融商品で認定のハードルが高い。「濃い緑色」とも言われ、運用先はヘッジ目的などを除き、「持続可能な投資」として適格な資産である必要がある。

8条は環境性・社会性を促進する金融商品で、「薄い緑色」ともいわれる。

6条は8条、9条に該当しない金融商品だ。

単純化すると、9条が本来の意味のESGファンド、8条がESGを志向するファンド、6条がそれ以外ということになる。

このSFDRが23年1月から第2段階に入るにあたり、ルールが厳格化された。ESGファンドを名乗りながら化石燃料にも投資してきた一部のファンドは、9条から外れ、8条ファンドへ格下げされることになった。

運用会社は規則に合わせ、22年から自主的な見直しに動いた。調査会社モーニングスターによると、2022年9~12月期に全体の約4割に当たる307の投信が、9条から「格下げ」になった。

これまでESGファンドという理由で選好してきた投資家が、格下げになったファンドから資金を引き揚げる動きが進んだ。ESGファンドに分類される商品が一気に減ることにもなった。

欧州で格下げされたＥＳＧファンド

投資資金を呼び込む一方で、ルールの厳格化に動いた欧州の政策は一見矛盾しているように見えるが、時代の要請でもあった。環境への配慮を装う「グリーンウオッシング」という動きが様々な分野で明らかになり、投信でも不透明さを排除する必要に迫られていた。

ＥＳＧを掲げている一部のファンドのポートフォリオにはかねてから批判があった。再生可能エネルギーや電気自動車（ＥＶ）など環境に関連した株式だけでなく、石油株や石炭株が含まれている例があった。これでＥＳＧファンドと言えるのか、と言う声は日増しに高まっていた。

こうした名ばかりのＥＳＧファンドを排除することは、投資家の資金を正しく環境対策の推進に回すために不可欠と考えられていた。こうして始まった適正化を目指す規則の導入が、ＥＳＧファンドを根底から揺さぶることになった。

サステナビリティ関連データ会社のデンマークのマターが23年5月に発表したリポートよると、22年10月～23年1月に9条から8条に格下げになったのは、運用資産の合計で２７００億ユーロだった。内訳は22年10～12月期に１７００億ユーロ、23年1月に９９０億ユーロだ。

マターのリポートで興味深いのは、９条ファンドのポートフォリオと、８条に格下げになったファンド、もともとの8条ファンドのそれぞれの環境への影響度を比較した部分だ。

ファンドの分類からすると、9条ファンドの環境寄与度が最も大きく、8条、6条と下がっていくと考えやすい。

ところが、マタ一の調査した9条ファンドは、自社で排出する分の「スコープ1」、電気やガスによる排出分の「スコープ2」、サプライチェーンを含む「スコープ3」のすべてで、8条に格下げされたファンド、もともとの8条ファンドに比べ、排出量が多いことが分かった。しかも、排出の総量は9条ファンドが圧倒的に多かった。

ここから見えてくることは、そもそも9条、8条の区別は排出量など環境への負荷を基準としていないため、9条ファンドだから環境対策に前向きで、逆に8条ファンドだからといって環境対策に後ろ向きとは一概に言えないことだ。

つまり、EUの新しいルールは、グリーンウオッシングを排除する効果はあっても、全体でみれば排出量を削減する効果という点では期待通りにいかない可能性があることになる。

8条、9条問題はその後、やや落ち着きを取り戻した。モーニングスターの調べでは、23年4~6月期、8条、9条ファンドの資産残高は1・4%増えた。

ただ、4~6月期に新規設定された8条、9条ファンドの総数は161本と1~3月期とほぼ横ばいにとどまった【図2－2】。逆風は相変わらずで、インフレや景気への懸念で、市場全体の

【図2-2】9条ファンドの設定は減っている

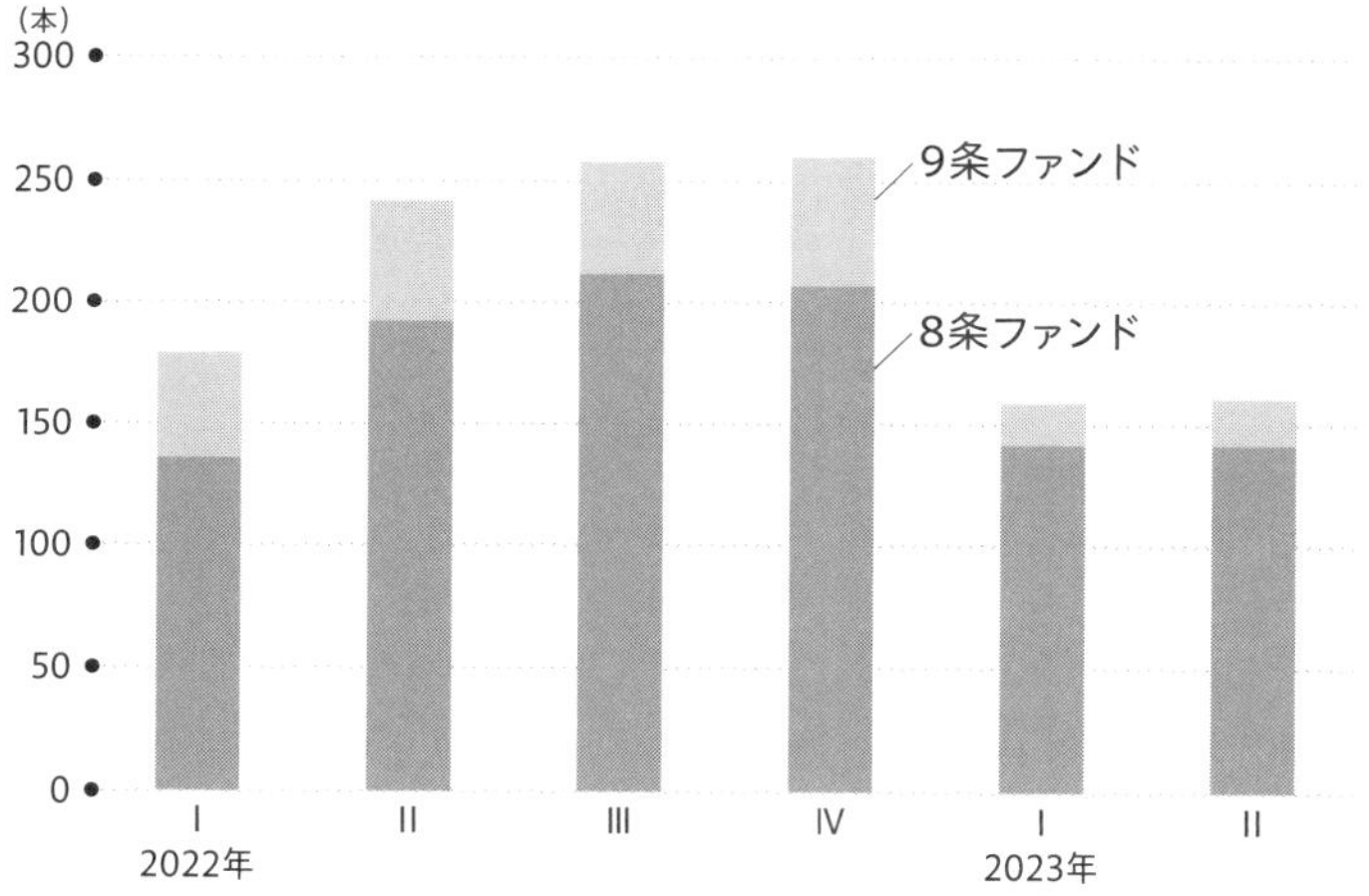

出所：モーニングスター

センチメントが冷え込んでいることに加え、「グリーンウォッシングに対する非難や、日進月歩の規制環境が影響している」（モーニングスター）という。

8条、9条のファンド全体に占める割合は、資産残高でみると8条は52・9%、9条は3・5%で、本数ではそれぞれ41・7%、3・7%だった。つまり、本来の意味のESGファンドと認められる9条ファンドは全体の4%にも満たない状況だ。

環境を考慮する投資家にしてみれば、それだけESGファンドの純度が高まり、グリーンウォッシングに巻き込まれるリスクが下がったことを意味する。その一方でマターの指摘するように、環境への寄与度の問題については、今後も様々な議論が起きそうだ。

環境関連の株価が苦戦

ＥＳＧ関連商品に逆風の吹いた22年は、株式市場で環境関連の株価が苦戦した年でもあった。ロシアによるウクライナ侵攻もあって、化石燃料の価格が高騰し資源関連の株価が大きく上昇したため、相対的にパフォーマンスの低さが目立つことにもなった。

再生エネルギー株と化石燃料株の22年の動きを世界的な株価指数で振り返る。比較するのは太陽光発電、風力発電、バイオ燃料など環境関連銘柄で構成するＳ＆Ｐグローバル・クリーンエネルギー指数と、石油・天然ガスの生産や精製を手掛ける企業を集めたＳ＆Ｐ５００種エネルギー指数。化石燃料株が一貫してクリーンエネルギー株を上回ったことが分かる【図２－３】。

化石燃料株は原油や天然ガスなど資源高騰による収益拡大が支えになった。クリーンエネ株はいずれ主役になるという長期シナリオへの期待は高いにもかかわらず、株価は追いついていない。

個別企業の株価にはさらにはっきり表れた。22年末に米石油大手エクソンモービルの時価総額が一時、米ＥＶ大手テスラを上回る現象が起きた。テスラが世界的な半導体不足や金属部品の高騰で苦戦したのに対し、エクソンは堅調な原油価格が株価の支えになった。

【図2–3】化石燃料の株価が再生エネの株価を上回った
（2022年2月末を100として指数化、月末値）

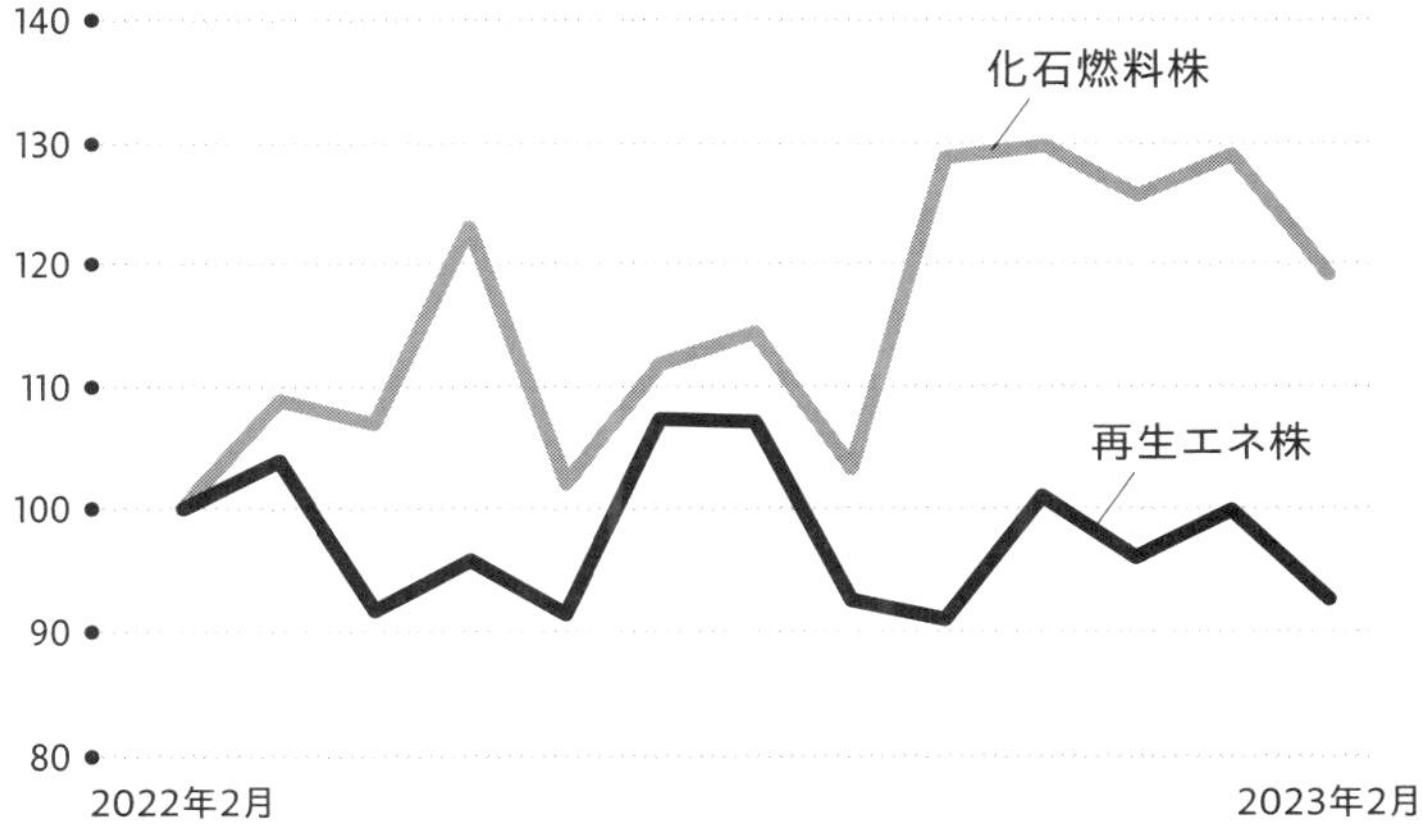

出所：S&Pグローバル

そもそも、クリーンエネルギー関連の株価の動きは鈍い。再生可能エネルギーの分野で、世界のベスト10に上げられることの多い企業の株価を見ると軒並み低調だ。

例えば風力発電機の世界シェアで首位を争うデンマークのベスタス・ウインド・システムズの株価は21年に41%下落、22年も8%下落した。カナダのカナディアンソーラーも39%、2%それぞれ下落、洋上風力発電設備のオーステッドは32%、25%それぞれ下落した。

つまり、再生可能エネルギー株は、目先の投資収益を優先する投資家にとって、まだ十分に魅力的な対象とはなっていない可能性がある。

環境関連企業の業績も苦戦

業績をみても同じ傾向がある。米欧の投資家が環境関連銘柄を選別する際に最近注目している財務指標に粗利益率がある。売上高から原材料などの製造原価を引いた粗利益を売上高で割って算出する。金属や電力を多く使用するＥＶや風力発電機、太陽光発電機といった企業の収益力の変化をつかみやすい。

ある企業で製品が多く売れ、売上高が大きく伸びたとして、一方で金属価格や電気料金が高騰し、製造原価が上がると粗利益率は小幅な改善にとどまるケースが多い。この場合は評価が難しく、投資家は買いに慎重な判断をすることがある。

例えばベスタス・ウインド・システムズ。ロシアによるウクライナ侵攻でロシア産原油や天然ガスの利用が減り、欧州が風力発電などを強化する動きは大きな支援要因というイメージを持ちがちだ。ところが22年12月期は製品受注の鈍化に原材料価格の高騰が重なり、粗利益率が０・8％と前の期の10％から大きく悪化した。

太陽光発電には太陽光パネルの高騰や人件費がのしかかる。ＥＶも銅や電池用リチウムの価格高騰によるコスト高が大きな負担になる。市場や政府が期待するほど、業績は拡大していないのが現状だ。

環境投資が隆盛期に入った21年と、一転して逆風の吹いた22年の間に、グリーンウオッシングのような不正を排除する動きと、再生可能エネルギー企業の業績や株価の現実を冷静に見極める動きが起きた。

こうした動きは、長い目で見れば、環境投資がより洗練される一歩と言えるかもしれない。環境という言葉だけで投資家が引き付けられる時期は終わり、中身を吟味する時期に入った可能性があるだろう。

注目を集めたサステナビリティ連動債

ＥＳＧ投資関連の商品で22年に変調を起こしたのは投信だけではない。市場で大きな注目を集め始めていたサステナビリティ連動債（ＳＬＢ）も突然のように逆風に見舞われた【図２－４】。

サステナビリティ連動債の歴史はまだ浅い。扉を開いたのは、19年9月、イタリア大手電力会社エネルによる米国市場での発行だ。５年債で発行額15億ドルのこの債券は、投資家から約３倍の申し込みがあるほどの人気だったという。

サステナビリティ連動債の基本的な仕組みはこうだ。債券を発行する企業や政府が、環境関連

【図2-4】サステナビリティ連動債の発行状況

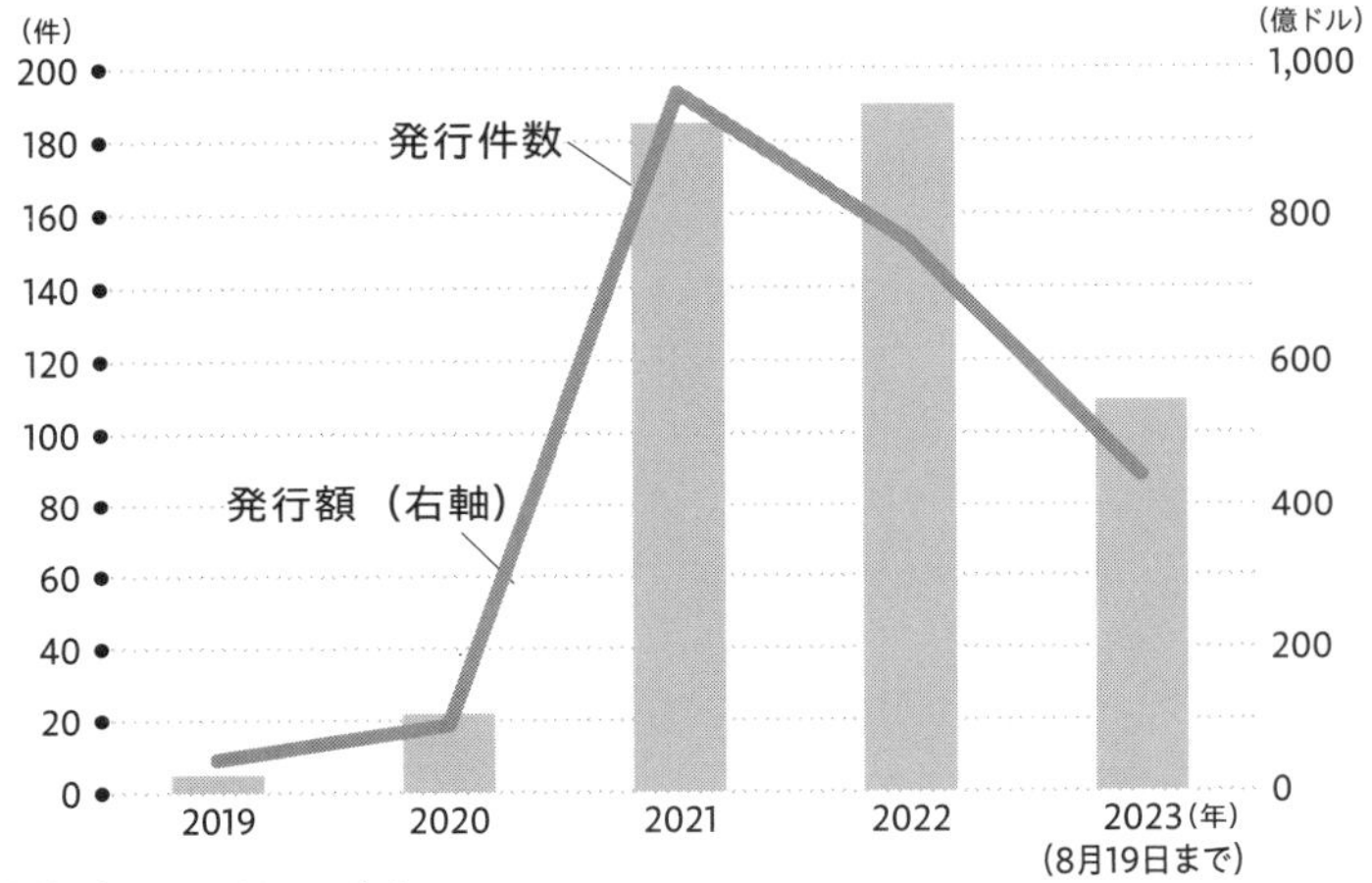

出所：グリーン・ファイナンス・ポータル

などで達成を目指す具体的な目標を設定する。決められた判定日までにその目標を達成できなかった場合、クーポン（利率）を上乗せして投資家に払う。これが「ステップアップ」という仕組みで、ほかの環境関連の商品にはない特徴だ【図2－5】。

エネルの場合、再生可能エネルギーの発電容量を55％にするという目標を立て、未達の場合は0・25％のクーポンを上乗せして払うという条件だった。

このクーポンの上乗せが、ほかの会社で実際に発動された例がある。ギリシャ国営電力公社（PPC）が21年に発行した総額7億7500万ユーロのサステナビリティ連動債だ。22年末までに自社の温暖化ガス排出量であるスコープ1を40％削減できなかった場合、クーポンを

【図2–5】主なサステナビリティ連動債の基本的な仕組み

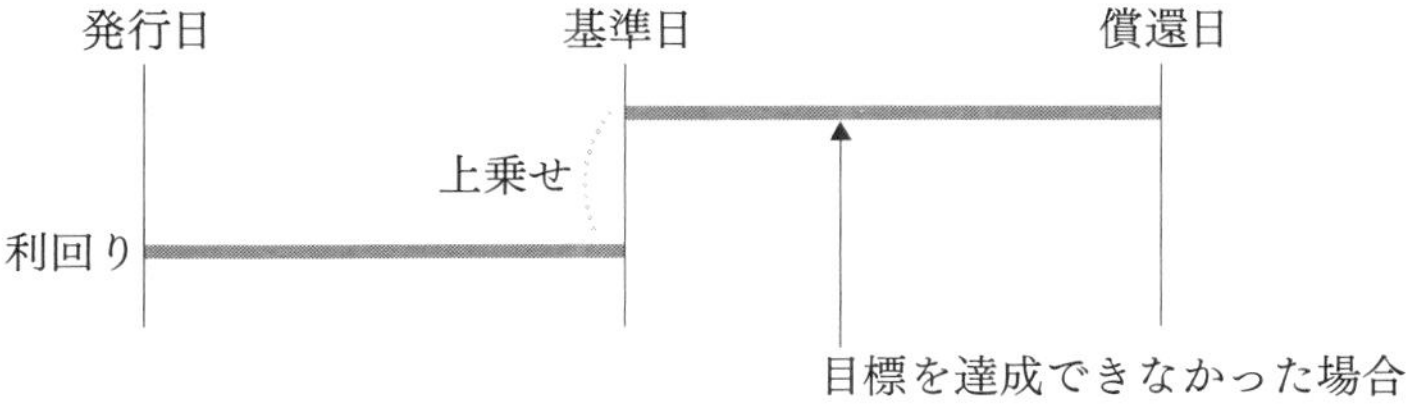

０・５%上乗せするという条件だった。

欧州のエネルギー危機で石炭の使用量が増えたため、スコープ１の削減率は36%にとどまって目標を達成できず、満期までの３年間、年約４００万ユーロ、総額１２００万ユーロの追加費用を負担することになった。

同じＥＳＧ関連の債券でも、グリーンボンドは再生可能エネルギーの利用拡充といった漠然とした目標を掲げていることが多い。その点、サステナビリティ連動債は発行した企業が取り組むべき環境対策の目標を明確な数値で示している。

しかも、目標に届かなかった場合は、クーポンの上乗せというペナルティが用意されているから、企業は真剣に取り組まざるをえない。

グリーンボンドの調達した資金の使途は特定のグリーン事業という縛りがあるのに対し、サステナビリティ連動債は幅が広いことも、発行する側のインセンティブになりやすい。こうした取り組みは当然、地球環境にもプラスだろう――。こんな評価があった。

投資家は高い利回りを得られる可能性があるから、これまでの

ＥＳＧ商品に比べ、企業と投資家にメリットのある画期的な商品だという見方も市場拡大につながった。

ルール作りも急ピッチで進んだ。21年6月、国際資本市場協会（ＩＣＭＡ）が自主的ガイドライン「サステナビリティ連動債原則　２０２１年6月」を発表した。それによると、設定する目標の条件として、発行体のビジネス全体に関連があって中核的で重要、発行体のビジネスで戦略的に大きな意義がある、一貫した方法で測定が可能などを挙げた。目標の達成については、少なくとも年１回、監査法人や環境コンサルタントなどの外部機関から状況について検証を受けるべきだなどとしている。

連動債原則の発表を受け、欧州中央銀行は21年1月から、サステナビリティ連動債を担保として受け入れることになり、市場の拡大に弾みをつけた。

生物多様性も達成目標に

実際、エネルを皮切りに、発行する企業が増え多様化も進んだ。

世界銀行の22年10月の調査では、掲げた目標で一番多いのが温暖化ガス排出量の削減で全体の約半分、再生可能エネルギーの利用が14％で、それ以外はＥＳＧ格付けの改善、廃棄物の削減、水の利用量の削減となっている。

ブラジルの製紙大手クラビンが21年1月に発行した5億ドルの10年債。達成する目標は、水の消費量の削減、廃棄物の再利用、生物多様性に関して自社の森林に絶滅種か絶滅危惧種を2種類導入する、の3つを掲げた。同社によると生物多様性を目標に掲げたサステナビリティ連動債は初めてという。

スウェーデンの衣料品世界大手、ヘネス・アンド・マウリッツ（H&M）が21年2月発行した年限8・5年の5億ユーロのサステナビリティ連動債。達成目標としてリサイクルの利用率、スコープ1~3の温暖化ガス排出量を設定した。

政府の発行が始まったのは22年に入ってからだ。チリが3月、20年債を20億ドル発行した。達成目標に温暖化ガス排出量の削減、再生エネルギーによる発電量を上げた。

21年はサステナビリティ連動債の市場が花開いた元年と言える。世界の発行額は19年45億ドル、20年93億ドルと増え、21年には967億ドルと前年の10倍以上になった（グリーン・ファイナンス・ポータル）。この時点では、将来の高い成長性への期待の方が大きかった。

ところが、22年、世界のサステナビリティ連動債の発行額は760億ドルと前の年の約8割になり、23年も低調になった。

欧米主要国の利上げで、企業にとって発行環境が厳しくなった面もあるが、投資家や世界銀行などから商品の信頼性への疑問の声が上がったことが大きかった。

「サステナビリティ連動債の構造的な抜け穴」。22年10月、世界銀行グループの出したリポートは、ブームの陰に大きな抜け穴があると警鐘を鳴らした。

世銀が指摘した「抜け穴」

まず、温暖化ガス排出量の削減など、目標の達成を目指す基準日の設定方法に問題があると指摘した。

「ペナルティとして上乗せするクーポンが高いほど、基準日が遅くなる傾向が見られる」という。基準日時点での債券の残存期間を短くすることで、その後発生する可能性のある利払い負担を小さくすることを狙っているようだという。

例えば23年に発行し、33年に満期を迎える債券を考えると、目標達成の基準日を30年など遅めに設定する方が、万が一、目標が未達になったとき、クーポンを上乗せする期間は短くて済む。

【図2−6】サステナビリティ連動債の上乗せクーポンは 0.25%に偏っている

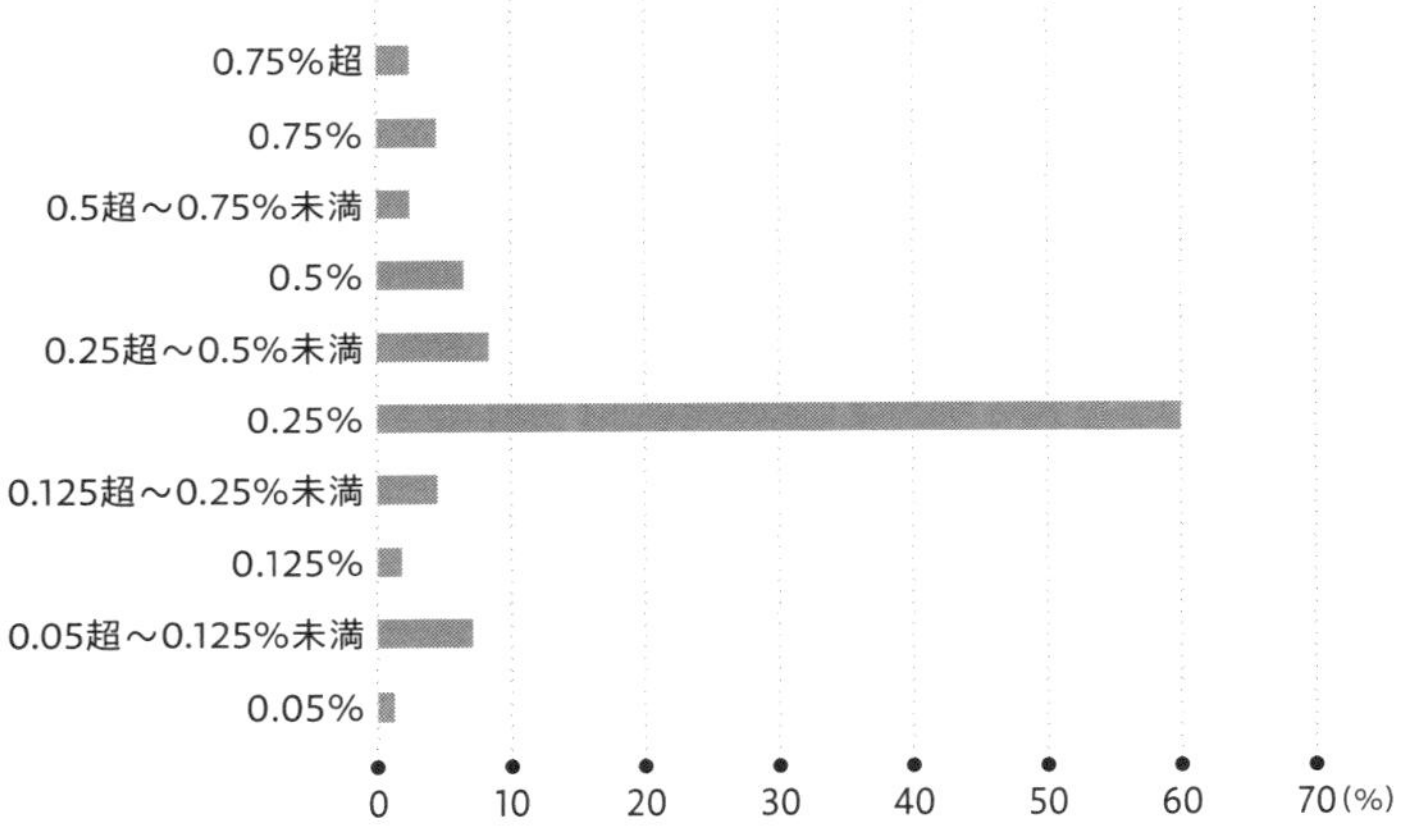

出所：世界銀行グループ

上乗せするクーポンが高いほど、こうしたインセンティブが働きやすくなる。

世界銀行グループは「発行する企業が目標を達成できなかった場合に直面する可能性のあるペナルティを最小限に抑えようという期待と一致している」としている。

次に、ペナルティとして上乗せするクーポンに偏りがあることを指摘した。サステナビリティ連動債全体の約6割がペナルティを0・25%に設定しているという【図2−6】。なぜこの水準に集中しているのか明確な根拠はないという。

なぜか横並びの上乗せクーポン

サステナビリティ連動債自体の表面利率

は平均すると2・61％で、それに比べると0・25％は低すぎて、「発行した企業が真剣に持続可能性への取り組みを促す金銭的なインセンティブとしては不十分かもしれない」としている。

つまり、企業は目標が未達でも払うペナルティが少ないから、環境対策などに取り組む真剣度合いが足りない可能性があるとみている。

世銀が指摘するまでもなく、金利はそもそも発行体の信用リスクを反映するもので、横並びで0・25％という決まり方に不信を抱く市場関係者は多い。

運用会社のフェデレーテッド・エルメスは「0・25％のステップアップを標準として無頓着に受け入れることが、最終的には市場に対する投資家の信頼を損なう」と指摘する。市場の健全性を確保するために、「0・25％のステップアップの金利を発行会社の規模に合わせて柔軟に対応できる機能に置き換えることが大切」としている。

世界銀行がさらに指摘したのは、満期前にサステナビリティ連動債を償還することができる条件が付いている例が多くあることだ。期限前償還の設定はグリーンボンドでは23％、グリーンボンドを除く普通社債では12％だったの対し、サステナビリティ連動債では全体の64・9％に期限前償還条項が付いていたという。

目標達成の基準日を後ろに設定していることが多いため、その前に債券を償還してしまえば、仮に目標が未達であっても、ペナルティの上乗せクーポンを回避できる。

例えば23年に発行し、目標の基準日が30年、満期が33年のとき、29年に償還すれば、目標未達でも上乗せクーポンの支払いを回避できることになる。

世界銀行の指摘した多くの問題点は例えると次のようになる。温暖化ガス排出量の削減にあまり熱心ではないある企業が、資金調達を有利に進めることを主な目的として、期限10年のサステナビリティ連動債を発行する。温暖化ガス排出量を50％削減するという高い目標を掲げ、その基準日を満期の2年前と遅めに設定。達成できない場合はペナルティとしてそれ以降の利払いに0・25％上乗せするという条件にする。一方で、期限前償還の条件を付けておき、基準日が来る1年前に償還を実施して、ペナルティを回避することができる、と言うわけだ。

発行時には、環境対策の目標に向かい熱心に取り組むための資金調達と見えても、実際には二重三重にペナルティを回避する手段が用意されていては、環境への取り組みの本気度に疑問が生じるだろう。

運用会社からも不信の声

拡大期待の高いサステナビリティ連動債にはいくつもの「抜け道」があるという世界銀行グループの指摘は、ほかの関係者や投資家の間でも広く共有され始めている。

欧州市場監督局（ＥＳＭＡ）は23年５月のリポートで「サステナビリティ連動債は発行者にとって free lunch（簡単に得られる利益）とみなされる可能性がある」と指摘した。企業が掲げる環境目標が、それほど重要でない項目であるとか、「達成が容易」「通常通りの業務」などの懸念があるという。

米国の資産運用会社ヌビーンは世界銀行のリポートと同じ見方をしている。「発行した側に資金使途の自由度を与えすぎている一方で、（ペナルティによる上乗せクーポンは）経営陣が二酸化炭素の排出量の削減を追求する十分なインセンティブを生み出さない」「投資家が資金をどのように振り向け、具体的な結果をもたらしたかを知るのは不可能」「最もひどい例ではすでに達成した目標を掲げていた」……。

こうした問題点が明らかになるにつれ、投資家は離れ、企業は発行を見送る傾向を強めた。23年に入っても市場の縮小傾向が続いた。１～６月期の発行は１０２件と前年同期に比べ29・２％減少、発行額は３７３億ドルと同31・９％の減少だった。

調査したクライメート・ボンド・イニシアチブによると、こうした減少傾向にもかかわらず、サステナビリティ連動債は「進化した」という。発行時に設定する達成目標は、22年には半数以上が温暖化ガスの排出量の目標を欠いていたが、23年１～６月期は35・４％になったという。

一方、企業や政府がグリーンプロジェクトの資金を調達するために発行するグリーンボンドも

22年の逆風に見舞われた。

22年の発行額は４８７１億ドルで前年に比べ16％減少した。年間で減少するのは過去10年で初めてのことだという。23年に入っても、１～６月期の発行は２７８８億ドルと前年同期比４％減少した（クライメート・ボンド・イニシアチブ）。

23年２月、ＥＵが欧州グリーンボンド基準（ＥＵ ＧＢＳ）に暫定合意し、グリーンウオッシングを排除するための市場改革の動きも始まった。

基準では調達資金は原則としてＥＵタクソノミーに適合した使途に限られ、発行前および発行後に報告書を作成することや、外部レビューアーによるレビューの対象となることが盛り込まれた。基準に沿った発行をした場合は「European Green Bonds」「ＥｕＧＢ」のラベルを使うことができる。

求められる再構築

ＥＳＧファンドとサステナビリティ連動債の動きは、21年と22年に環境関連の金融分野で起きた現象を象徴している。投資家が駆け込んだ後、様々な問題が明らかになり、反動と反省の時を迎えた。もはや環境という言葉だけに誘引され、抱える問題に目をつぶって投資に駆け込む時期は過ぎた。投資家は慎重に商品を見極める傾向を強めている。

その反面、ＥＳＧファンドやサステナビリティ連動債などを通じ、投資マネーを企業の環境事業に導くという狙いは当初の計画より遅れた可能性がある。

21年５月、国際エネルギー機関（ＩＥＡ）は「Net Zero by 2050 : A Roadmap for the Global Energy Sector」を発表し、15年にパリ協定の内容からさらに一歩進めた。「各国政府による気候に関する誓約は、完全に達成されたとしても、２０５０年までに世界のエネルギー関連の排出量を実質ゼロにし、世界の気温上昇を１・５度に抑えるにははるかに及ばない」と警鐘を鳴らした。

新たな化石燃料事業への投資を行わず、新たな石炭発電所の投資を行わないとの指針を打ち出した。35年にはガソリン車の新規販売がゼロとなり、40年には世界の電力部門が実質ゼロエミッションに到達する、30年までに太陽光発電、風力発電の年間導入量を20年に記録した水準の４倍にする、といった目標を掲げた。

産業界が急ピッチで脱炭素に向かう中で、車の両輪となって貢献するはずだった投資マネーの足踏みは大きな痛手だ。環境の成長分野にマネーを流す仕組みの再構築が求められている。

第3章

石油会社の逡巡と新動態

環境投資のジレンマ
反ESGの流れはどこに向かうのか

投資家の間で、化石燃料株に投資することの是非を巡って議論があること、ＥＳＧ投資が２０２１年の隆盛の後、22年から逆風にあったことをみてきた。同じように欧米企業の株主も経営者も、21年と22年で姿勢が大きく変わった。地球環境に取り組むことの重要性は認識していても、ミクロレベルでみると、経営の優先順位や方法論を巡って立場の違いが際だってきた。

様変わりした２０２３年の株主総会

欧米の環境派の株主が、その力を最も象徴的に示した年次株主総会は、21年5月の米石油大手エクソンモービルの総会だ。株式保有比率が１％にも満たない、新興の米投資会社「エンジンナンバーワン」が、環境ビジネスの強化を提案し、取締役３人の選任を勝ち取った。これまであまり例のない事態に、新しい株主資本主義の時代の始まりか、と多くの企業経営者と投資家が固唾を飲んで見守った。

ところが、それから2年、ＥＳＧ投資が突然逆風に見舞われたのと同じように、欧米企業の株主総会も大きく様変わりした。

23年の米大手金融機関の総会は象徴的だった。

バンク・オブ・アメリカ、シティグループなどの総会では、株主が「新しい化石燃料の開発への融資を段階的に縮小する」という提案を行った。投票の結果、支持は10％を下回り、否決された。21年の国際エネルギー機関（ＩＥＡ）の提言に沿った内容で、決して厳しい要求ではなかった。なぜこれほどまでに支持を得られなかったのか。

株主総会前、シティグループのジェーン・フレーザー最高経営責任者（ＣＥＯ）はこんな発言をしている。

「低炭素経済への移行を進めるが、世界経済は依然として石油と天然ガスを中心に動いている」

20年ごろ、世界の主要金融機関は化石燃料への投資や融資をやめるダイベストメントを相次ぎ発表し、環境重視に大きくかじを切った。ところが23年に風向きが大きく変わった。化石燃料から脱却する方に移した軸足を、少し元に戻し始めた。化石燃料の優先順位が上がったことをうかがわせた。

反対多数で否決された環境派の提案

石油メジャーの株主総会の中では、23年４月の英石油大手ＢＰの総会が注目された。ＢＰは23年に入ってから、従来の環境への取り組み方針を変えたためだ。

従来は原油、ガスの生産量を30年までに19年比で40％削減する計画だったが、新しい方針ではこれを25％に下げた。サプライチェーンまで含めた温暖化ガス排出量の「スコープ３」の削減目標も35～40％から20～30％に下げた。

言い換えると、原油生産を大きく減らし排出量を減少させるという、環境対策を重視した方針を少し後退させ、原油生産を増やし、その分、排出量が増えることを受け入れることにした。

これに対し、環境派の株主は姿勢の後退と受け止めた。石油会社への株主提案で知られるオランダの環境非政府組織（ＮＧＯ）「Follow This」は強く反発、パリ協定に沿った排出削減計画を作成するよう提案した。

英国の有力年金基金が支持に回ったこともあって、株主総会は盛り上がるかに見えたが、蓋を開けると、結果は反対が８割を超え大差で否決された。

ほかの提案の反対比率は最多でも18％だから、排出削減計画がいかに株主の支持を集めなかったかが分かる。

21年に注目を集めた米石油大手エクソンモービルの総会も変わった。

サプライチェーンまで含んだ温暖化ガス排出量である「スコープ３」の削減目標を求めた株主提案があった。ところが賛成の割合は11％と前年の半分以下になった。緊張感に包まれた21年の総会の面影はなかった。

反ESG派の株主提案も登場

世界的な環境意識の高まりで始まった新しい潮流のもとでは、企業が環境に軸足を置いたビジネスモデルを示し、株主はもっと厳しい環境対策を求めるようになったはずだった。怒濤のように環境対策への奔流が始まって、そのまま続くと考えられていた。一過性のブームではなく、経営者も株主もパラダイムシフトを起こし、新しい次元に入ったと期待感が高まったはずだった。

経営者と株主の姿勢が変化した要因の1つは、ロシアによるウクライナ侵攻で起きた資源高にある。資源会社が化石燃料の生産を減らすことが正しい選択かどうか自問自答を始めた。「環境対策には前向きに取り組んでいるが、油田開発の停止まで踏み込めば社会の要請に応えられない」と石油会社の経営者は考え始めた。

22年、エクソン、英シェル、米シェブロン、仏トタルエナジーズ、英BPの5社の合計利益は前年の2・3倍となり、初めて2000億ドルを超えた。時価総額の合計も1・6倍で1兆ドルを超えた。

株主は、株価の高騰と株主配当の増加で大きな恩恵を受け、石油会社に油田開発を見直すよう迫ることは自分たちの利益を損なう行動ではないかと考え始めた。

石油会社の株主総会は、環境派と開発重視派がせめぎ合い、世界の趨勢の縮図でもある。20年に環境派がぐっと手綱を引き寄せたが、23年には開発重視派が優位に立ち、振り子の針は逆に振れ始めた。

法律事務所のサリヴァンアンドクロムウェルのリポートによると、23年1～6月期、米企業の株主総会で、環境に関する株主提案は前年同期に比べて8％増えた（22年との比較では1％増）。ところが、支持率は平均21％にとどまり、賛成多数により可決されたのはわずかに2件だけだった。前年同期の支持率は35％（22年通年との比較では37％増）で、可決された案件は14件（22年通年は15件）だったのに比べ、大きな落ち込みだ。21年1～6月期の支持率は41％だったことからすると、2年連続の低下で、右肩下がりが顕著になった。

ただ、リポートによると、23年の株主提案の内容の特徴は「スコープ3」など温暖化ガス削減の目標といった、特定の気候関連の問題に焦点を当てたことにあり、こうした提案は前年同期の3倍に増えたという。逆風の中でも環境派の問題意識は健在なことが見て取れる。

サリヴァンアンドクロムウェルによると、その一方で新たに浮上してきたのは、反ＥＳＧを掲げる株主からの提案だ。企業が環境対策に取り組むことによるリスクを、取締役がきちんと監督するよう求める提案などが出された。

反ＥＳＧ派の提案のうち8件は、エネルギー会社が対象で、企業が実質排出量ゼロを目指すことのリスクとコストに焦点を当て、中には「スコープ3」の目標の取り消しを求めるものもあった。実際に投票に付された9件の平均支持率は2％だったという。

株主や経営者は、環境へのコミットメントを強めた「疾風怒濤の21年」から「反動と反省の22年」を経て、環境と開発のバランスを志向する23年を迎えた。投資の分野と共鳴するように、同じ流れをたどったこの現象をどう理解したらいいのだろうか。行きすぎの修正が起きたと説明するだけでは、時代の大きな流れを捉えられていないように見える。

議決権行使の姿勢にも変化

23年の株主総会では、欧米の運用会社が議決権行使の方針を変えたことも注目された。企業に環境対策を強く迫る株主提案に賛成することを重視するより、取締役への監視を強化し、説明責任を問う方が実効性は高いと判断し始めている。「名より実」を取る戦略へ転換が鮮明になった。

ステート・ストリート・グローバル・アドバイザーズ（SSGA）の23年の議決権行使方針が画期的と評価されている。株主として取り組むべき優先課題の筆頭に「効率的な取締役会の監視」を掲げた。

これまで一般的に、温暖化ガス排出量の削減目標の策定のような株主提案に賛成する行動こそが、責任ある株主の手本と考えられていたが、ＳＳＧＡは環境対策を実現するのにもっと実効性のある方法があるのではないかと考えた。

イー・シン・フン社長兼最高経営責任者（ＣＥＯ）は3月の書簡で「ほとんどの株主提案は拘束力を持たず、しばしば規範的だ」「(重要な戦略に）取締役会の注意を向けるには、取締役会での投票が、はるかに効果があることが分かった」と述べた。

環境対策を実行するのに取締役会がカギを握るから、ここを監視する方が効果的な方法だと判断している。

アクサ・インベストメント・マネジャーズが2月に発表した企業統治と議決権行使の方針も基本的に同じ考えだ。

「取締役会が環境・社会問題を適切に管理していないと判断した場合、関連する取締役の選任に反対する」

企業の環境問題への取り組みは、第一義的に取締役会の仕事であり、十分に対策を取らなかった場合は取締役に責任を負わせるべきだとの姿勢を明確にした。

米議決権行使助言会社のＩＳＳ（Institutional Shareholder Services）やグラスルイスも、気候変動リスクへの理解や開示が不十分と判断すれば、取締役選任への反対を推奨する可能性があるとの考えを示した。

英国でも年金・生涯貯蓄協会（ＰＬＳＡ）が発表した23年のガイドラインは同様の趣旨だった。企業が気候関連決議の結果に適切に対応していない場合には、取締役または会長の再選に反対票を投じることを検討するよう投資家に勧告した。

社会問題についても、企業が事業活動における人権への悪影響を防止、是正するために十分な措置を講じていない場合、投資家は責任ある取締役の再選に反対票を投じることを検討すべきだと勧告した。

こうした変化は、企業の環境対策を進めるのに、より現実的な方法へ進化したことを意味する。温暖化ガス排出量の削減目標を立てることを株主提案で迫っても、あるいはその提案に賛成しても、石油会社の約8割の株主から反対にあう現状ではハードルが高いためだ。

企業はそもそもゼロエミッションの目標を掲げることに慎重だ。

Ｓ＆Ｐグローバルによると、気候変動への対策に前向きな企業６４１６社を調べたところ、22年に4分の1しか実質ゼロエミッションの目標を掲げていなかった。そのうちの96％は「スコープ1」「スコープ2」の削減を掲げ、「スコープ3」戦略を取っているのは約半数にとどまった【図3－1】。

実質ゼロエミッションの目標を掲げるかどうかは、業種ごとに温度差があり、電力が約半数、素材が40％、エネルギーが38％で、金融やコミュニケーションは20％だった【図3－2】。「企業

【図3-1】実質ゼロエミッション戦略を掲げた企業で「スコープ1、2」と「3」の割合

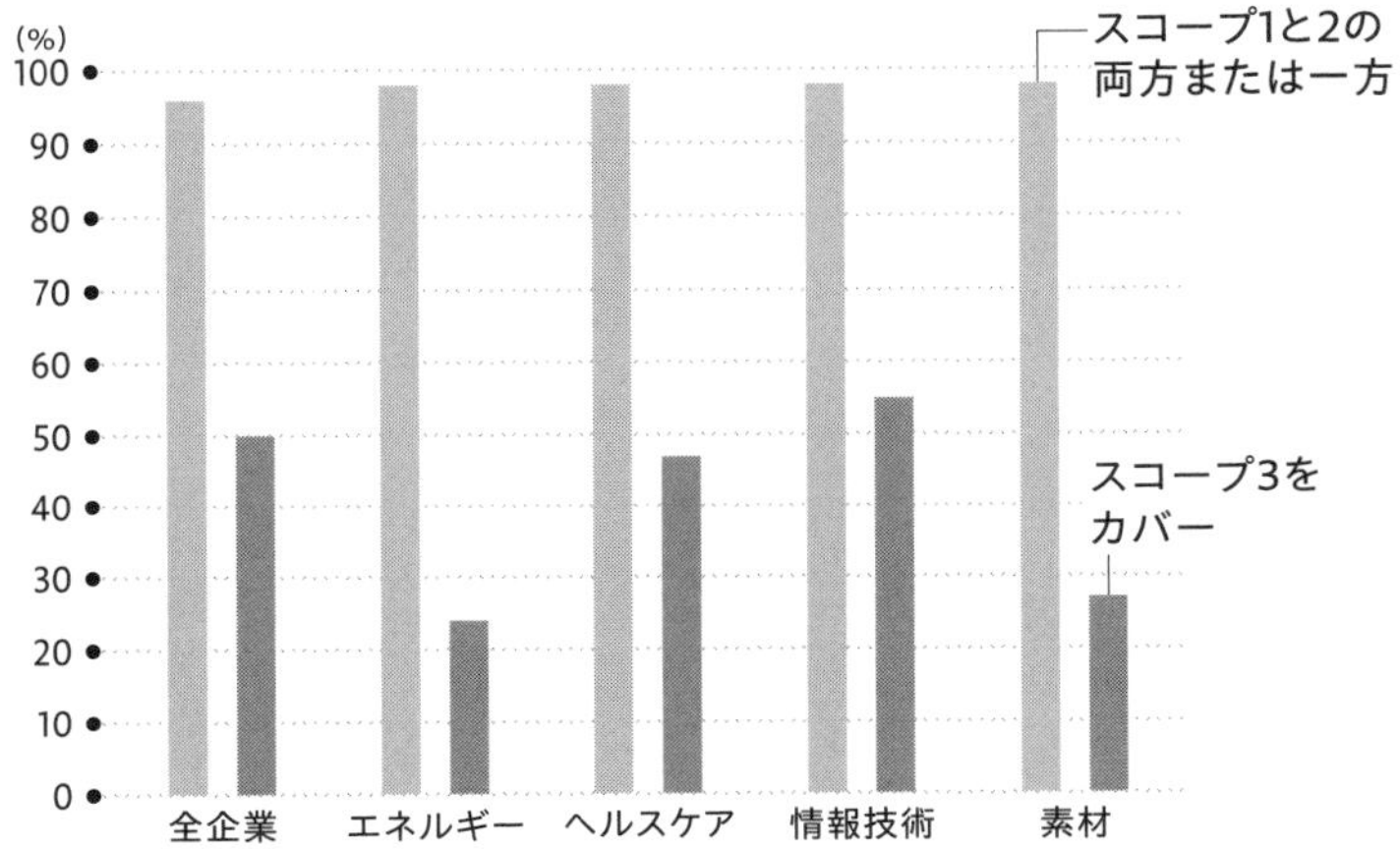

出所：S&Pグローバル

【図3-2】排出量の実質ゼロを掲げた企業の割合

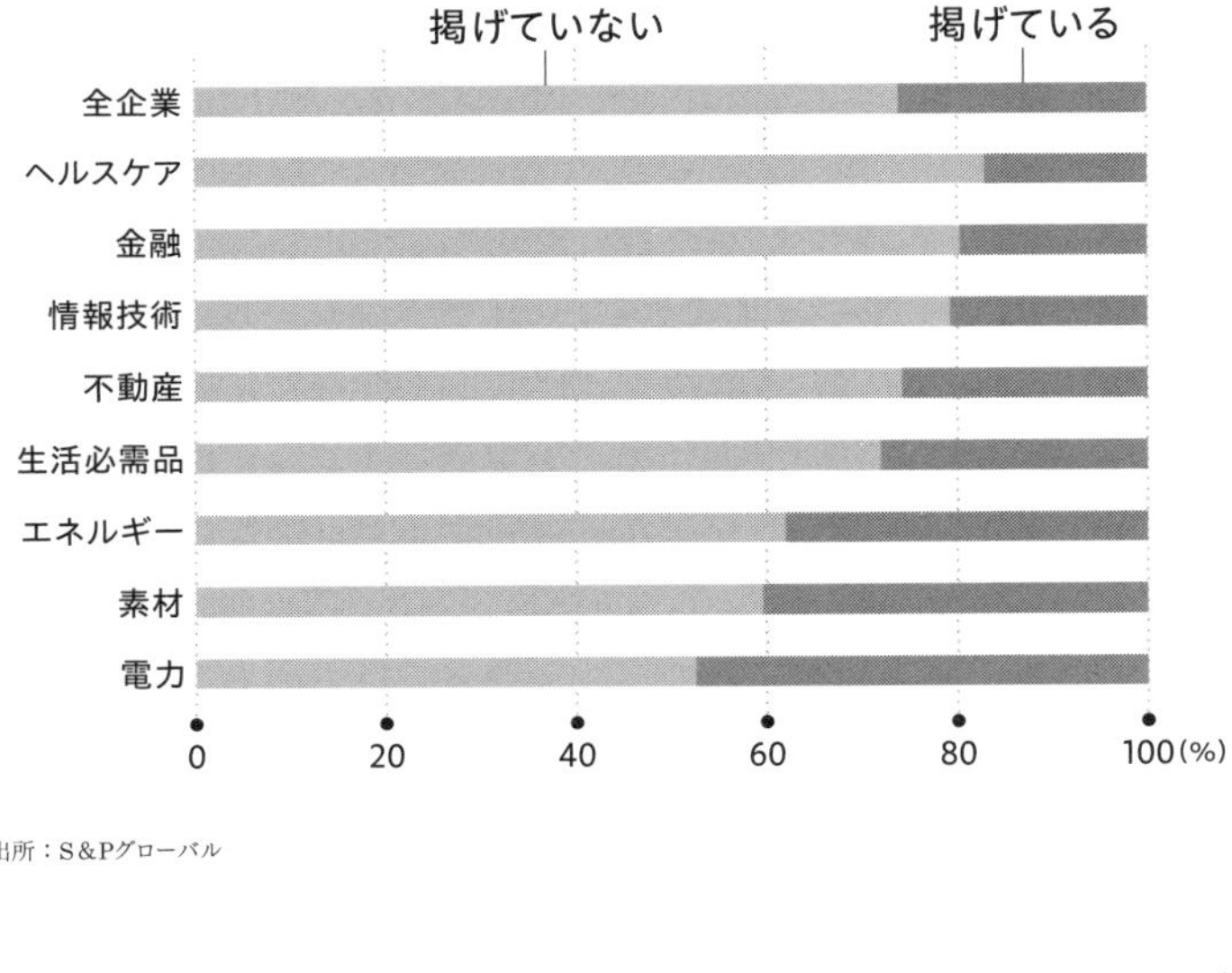

出所：S&Pグローバル

が気候変動との戦いに役割を果たすにはまだ長い道のりがある」（S&Pグローバル）という。

このように変革が容易ではない現状を考えると、声高に環境対策を求めることより、冷静に取締役を監視し改革を促す方法の方が、地味なようで実は最も実効性のある選択なのかもしれない。

石油メジャー、バランスへの転換

ロシアによるウクライナ侵攻をきっかけに、世界の石油会社は原油の生産に責任を持つべきだとの声も出始めた。21年ごろには環境対策重視の風潮の中で埋もれがちだった石油生産のあり方について、経営者が明確にビジョンを語り始めた。

「世界の需要が変わらないまま石油とガスから直ちに脱却しようとする試みは、クリーンエネルギーに悲惨な結果をもたらす可能性がある」「我々がLNGの生産を縮小したら、石炭がエネルギー需要を埋めてしまう。それは社会のためにならない」

エクソンモービルのダレン・ウッズ最高経営責任者（CEO）は23年6月、こんな考え方を示した。需要がある限り、生産を続けるべきだとの立場だ。

さらにウッズCEOは23年9月、マッキンゼー・アンド・カンパニーのインタービューにこう答えている。

「石油需要は1日当たり約1億バレルある。これは今日私たちが変革しようとしている巨大なシステムだが、それがどれほど大きな仕事になるのか、人々は十分に理解していない」とした上で、「石油とガスは、エネルギー密度が高く、輸送可能で、非常に入手しやすいという特性により、エネルギーシステムにおいて重要な役割を果たしている。今日のエネルギーシステムの規模、有用性、必要性、そして有効性を、新しいものに置き換えることは困難だ」と主張した。

そしてエネルギー転換について「規模と複雑さを考えると、何十年にもわたって思慮深く慎重に管理する必要があるだろう。私たちが生産する天然ガスの1バレルまたは1トンごとに、供給レベルを維持するために新しい代替ガスを見つけ、同時に移行のための投資を行う必要がある」としている。

石油とガスをなくすべきという考え方に対しては、「石油とガスの燃焼に伴う排出に対処する必要があると考えるべきだ」とした。そのためには「排出量を削減し、それを実現するための技術を見つけ、解決策を効果的に実装するための手頃な価格の技術を見つけることだ」と述べた。

つまり、原油、天然ガスの役割を否定し、直ちに代替エネルギーに転換することは現実的ではない。それならば原油、天然ガスの利用を前提にして、燃焼によって排出するガスを削減する低コストの方法を考えることに力を入れるべきだと主張している。

石油大手の英シェルのサワンCEOも23年7月、エクソンのウッズCEOと似た考え方を示した。

「再生可能エネルギーへの移行は想定したスピードで進んでいないため、世界は依然として「石油とガスを切実に必要としている」」。

グテーレス国連事務総長が新たな石油・ガス生産への投資は「経済的かつ道徳的狂気」と発言したのに対し、サワンCEOは「危険で無責任なのは、石油とガスの生産を削減し、（2022年のように）生活費が再び高騰し始めることだ」と反論した。

英BPのルーニーCEO（当時）も23年2月、次のように語った。

「今日、人々がエネルギーに何を求めているかを聞くと、その答えは機能するエネルギーシステムである可能性が高い。機能するエネルギーシステムとは、低炭素であるだけでなく、安全で手ごろな価格のエネルギーを提供するものである」「エネルギー転換を加速させるための行動が必要なのは明らかだが、同時にその転換は秩序だったものでなければならない。エネルギー転換に投資する必要があると同時に、石油とガスが主流の現在のエネルギーシステムにも投資する必要がある」。

石油メジャーの経営者は、脱化石燃料の方向へ進むことを認めないとは言っていない。認めた上で、化石燃料の役割を否定するのではなく、むしろ投資してバランスを取ることの重要性を説

【図3-3】世界の石油、ガス上流部門の投資額

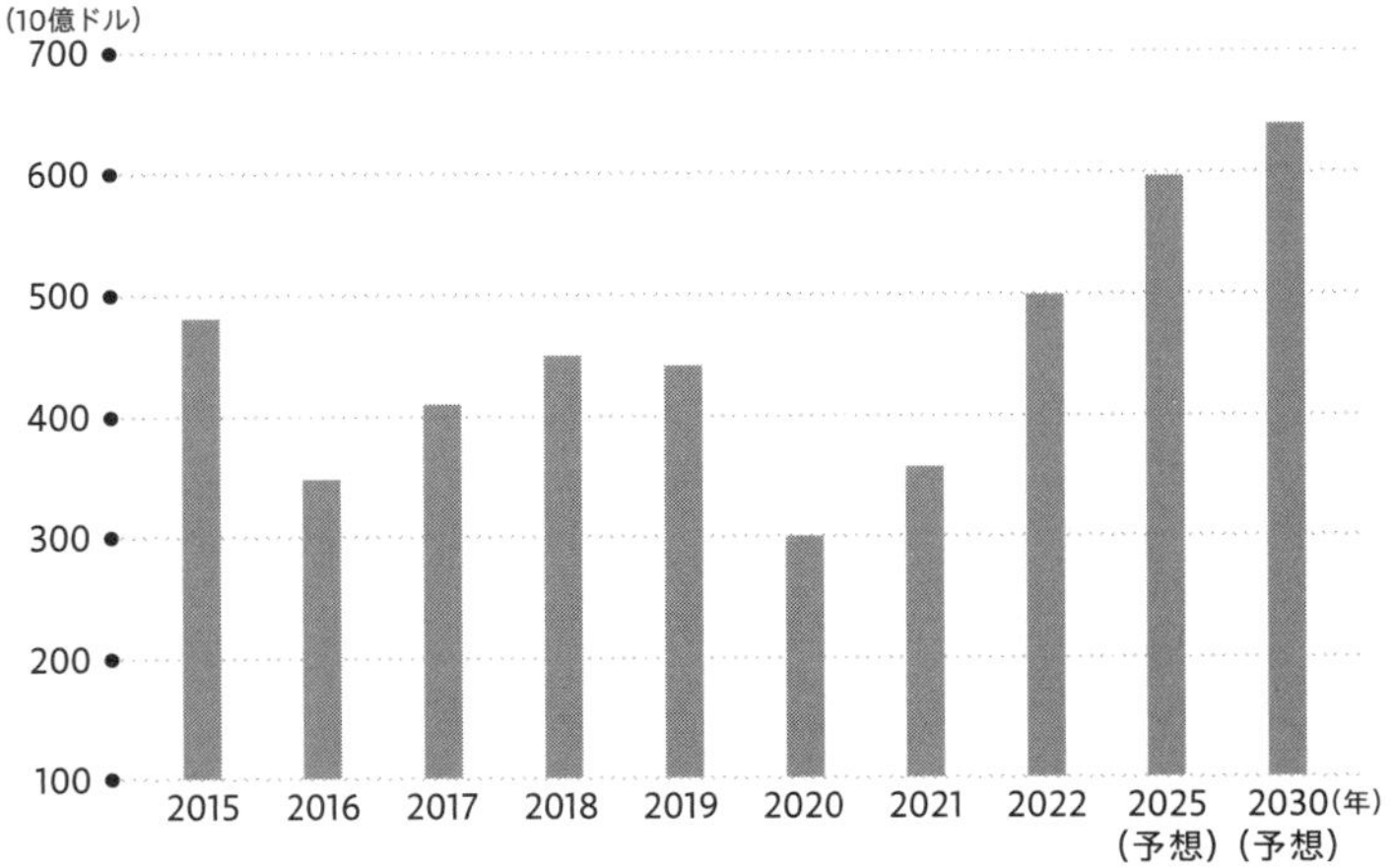

出所：International Energy Forum

いている。

石油会社、再び開発に勢い

石油会社が21年と22年で大きく方針を変えたことは数字にもはっきり表れている。

世界の石油・ガス開発部門の投資額は、22年に39％増え4990億ドルと14年以来の高い水準になった。資材や人件費の高騰が増加した影響もあるが、油田開発の活動も回復傾向にあるとしている（国際エネルギー・フォーラム調べ）【図3－3】。

「十分な供給量を確保するには2030年に6400億ドルに増やす必要がある。例え需要の伸びが頭打ちになっても、供給不足を防ぐには23年から30年までに累計で4・9兆ドルが必

要だ」という。

ゴールドマン・サックスによると、23年は世界で70の主要プロジェクトが開発中で、20年に比べ25%増えた。石油会社の開発投資に勢いが戻ってきたという。「7年連続の投資不足が続いた後、22年に増えた。23年はこの傾向が確実に定着している確証が得られる年になる。今後5年間、投資は年10%近く増える」と予測している。

方向転換の要因として、ロシアによるウクライナ侵攻がエネルギーの投資に緊急性を与えたこと、投資の収益性の高まったこと、新型コロナ感染後に原油需要が回復したことを挙げている。

脱炭素時代を迎えるから化石燃料の生産が減っても影響は小さいという楽観論は、22年のロシアによるウクライナ侵攻で転換した。天然ガスを中心にしたエネルギー危機は世界がまだ化石燃料に多くを依存していることを気づかせた。そして、油田の開発を減らすことは将来の供給不安につながるという、当然のことではあるが、今まで意識されてこなかった問題が表舞台で議論され始めた。

米シェール油田の持続性に疑問も

世界の原油の供給は大丈夫かという不安は、世界の油田の生産量が減少傾向にあるという現実を浮かび上がらせた。いくつかの油田では生産の限界が近づいている可能性が浮上している。最大の産油国の米国で最近、生産の中心となっているシェール原油が転機を迎えているという指摘が出始めた。

「もう二度と米国が生産を伸ばす可能性はない」「年率15％から20％の成長を続けることはできない」。

米シェール大手パイオニア・ナチュラル・リソーシーズ幹部は米メディアに悲観的な見通しを語っている。

シェール油田の生産の手詰まり感は、米エネルギー情報局（ＥＩＡ）の統計でも浮かび上がる。主要産地の１つ、テキサス州イーグルフォード地区。２０１６年ごろから生産量の頭打ちが見え始め、しかも新規の油田については生産効率の悪化が顕著になっている【図３－４】。

埋蔵量が豊富で、開発当初から優先して開発してきた高品質な油田は生産量が減少し、後回しにしていた効率の悪い油田は生産量が少ないというジレンマに直面している。シェール油田は、そもそも石油会社が開発投資を削減する傾向にあるが、それ以上に構造的な問題を抱えているのだ。

米国の油田掘削活動は停滞気味だ。米油田サービス会社ベーカー・ヒューズの発表によると、23年9月、掘削機（リグ）の稼働数は６４１基で前年同期に比べて１２２基減った。22年は原油

【図3-4】米イーグルフォード地区の原油生産量

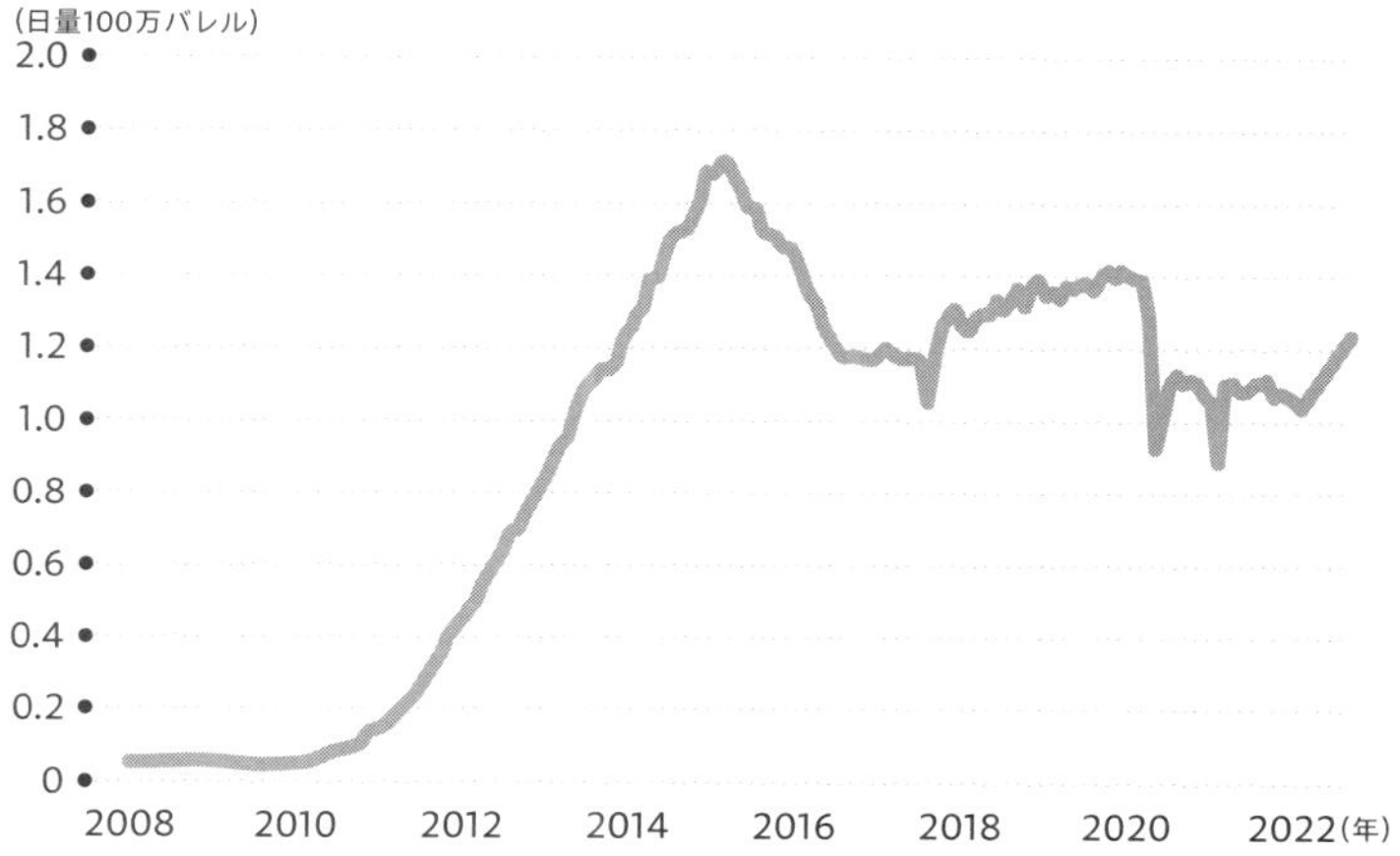

出所：米エネルギー情報局

相場が1バレル100ドルを超えたが、23年は2割程度低く推移したため、石油会社は掘削に慎重になったとみられる。

市場では「生産ピーク論」がささやかれ始めた。注目されているのは「ハバート曲線」という理論だ。

1950年代、地質学者のハバート氏が油田の盛衰を分析し、生産は左右対称の釣り鐘型の曲線を描いて増産、停滞、衰退をたどるとする説を提唱した。

この説をもとに、市場では折に触れて、生産ピーク論が浮上してきたが、2000年以降は技術革新やシェールの台頭などで鳴りを潜めていた。

ところが、世界の供給に不安が募るにつれ、この曲線への関心が再び高まっている。

天然資源の投資会社ゲーリング・アンド・ローゼンクワイフは「イーグルフォードの動きはハバート曲線とほぼ完全に重なっている」「油田の枯渇に苦しんでおり、高品質な油田を使い果たしている」などとみている。

ハバートの予想が正しければ、いずれ衰退へと下降曲線をたどるのではないかとの見方が勢いを得始めた。

新規の油田の発見が困難に

石油輸出国機構（ＯＰＥＣ）が原油生産を主導した時代を経て、２０００年以降、米国のシェール原油やカナダのオイルサンドが台頭した。米、カナダといった先進国で大量の原油が生産できる状況は、政治的に不安定な中東が抱える地政学リスクから解放されることを意味した。それが、シェールの生産が転換点に近づいているとしたら、不安定な時代に逆戻りするのではないかとの危機感が生まれている。

米国に限らず、世界で見ても油田の発見は難しくなっている。ノルウェーのエネルギー調査会社ライスタッド・エナジーは、石油会社の23年の石油、ガス探査への支出は増加し、19年以来最高と予想されるが、油田発見は過去最低になると予想している。23年1～6月期に26億バレル相当の発見があったが、前年同期の45億バレルより42％減った。発見の件数も55件で前年同期の80件から減った。

石油会社は、世界の有望な地域はすでに開発が進んでいるため、リスクが高くコストのかかる海底油田の開発に力を入れている。支出が増えても発見が少ない背景にはこうした事情がある。「化石燃料の需要増に応じて、さらなる資源を見つけようと躍起になっているが、最近の成果は芳しくない」（ライスタッド・エナジー）という。

新規の油田が見つけにくい結果、世界の原油埋蔵量はなかなか増えなくなっている。米エネルギー情報局の調査では世界の上場している石油開発企業187社が保有する原油、天然ガスの確認埋蔵量は22年に石油換算で2％減少した。20年は9％減少、21年は9％増加で、過去10年をみるとほぼ横ばいで推移している。

開発投資より株主還元の傾向も

22年から開発を強化し始めた石油会社は、アクセルを全開にして投資に動いているわけではない。一昔前のように原油相場が上昇すれば石油会社は開発投資を増やし、それを株主も評価するという時代ではなくなった。

調査・コンサルティング会社のウッド・マッケンジーは、石油、ガスの探査活動への投資が回復傾向にある一方で、限界があることを指摘している。

「歴史的な低水準だった投資は、23年から27年までで年平均220億ドルになる」とみているが、この水準は決して高くはないという。探査は2006年から2014年がブームで、投資額は年790億ドルとピークに達し、23年までの6年間は低迷した。「過去最高の水準には戻らず、増加には上限がある可能性が高い」とみている。

石油会社は原油価格の高騰で豊富になったキャッシュをどこに使っているのだろうか。

米アーンスト・アンド・ヤング（E&Y）が米国の上場石油・ガス会社50社を対象に調査したところ、「22年は配当や自社株買いに収益の多くを費やした」という。

22年の独立系石油、ガス会社の配当と自社株買いの合計支払額は、21年の190億ドルから約3倍の588億ドルになった。「資本を生産量の増加に使うことに反対し、高いリターンを求める投資家からのプレッシャーが続いている」という。

石油会社の環境ビジネスの可能性

油田の開発投資を増やし、資源開発への方向へ再び揺り戻し始めた欧米の石油会社は、その一方で、投資家や環境保護団体からの圧力もあり、環境ビジネスにも力を入れ始めている。

とくに目立つのが二酸化炭素を回収し貯蔵するＣＣＳ（Carbon Capture Storage）と再生可能エネルギーだ。エクソンモービルが最も重視しているのはＣＣＳだ。

23年6月、米電炉大手ニューコアと、ルイジアナ州の拠点から年間最大80万トンの二酸化炭素を回収、貯蔵する事業で合意した。その前にも、産業ガス会社のリンデ、農業用肥料メーカーのＣＦインダストリーズと立て続けにＣＣＳの契約をしている。

エクソンモービルが合意した二酸化炭素貯蔵の総量は年間５００万トンになり、約２００万台のガソリン車をＥＶに置き換える分に相当するという。

米ワイオミング州やオランダでも計画しているほか、水素を生成する際に天然ガスから排出する二酸化炭素をＣＣＳで回収、貯蔵し、よりクリーンな水素の生成を目指すメキシコ湾岸のプロジェクトが有望とみられている。

23年7月には二酸化炭素の回収パイプラインを持つ米デンベリーを49億ドルで買収すると発表した。ダレン・ウッズ会長兼最高経営責任者（ＣＥＯ）は「デンベリーの買収は包括的な炭素回収・隔離サービスを提供することで、低炭素ソリューション事業の利益を上げて成長させようという決意を反映している」とした。

エクソンモービルは環境ビジネスを３つのフェーズで段階的に進める考えだ。フェーズ１では現在の技術を使う基礎プロジェクトを手掛け、フェーズ2で規模を10倍、フェーズ3でその10倍の規模にする計画を立てている。

それぞれのフェーズでの市場規模は数百億ドル、数千億ドル、数兆ドルと予想し、それに応じ売上高は数十億ドル、数百億ドル、数百億ドルに拡大すると予想している。

オキシデンタル石油は、ＣＣＳの中でも、とくに二酸化炭素を大気から直接回収するＤＡＣ(Direct Air Capture) でリードしている。

23年８月、米エネルギー省は２つの商業規模のＤＡＣプロジェクトを進めるため、最大12億ドル拠出すると発表した。そのうちの１つが、オキシデンタルがテキサス州で進めるプロジェクトだ。

米エネルギー省によると、完成すると2つのプロジェクト合計で、大気中から年間２００万トン以上の二酸化炭素を大気から除去することが期待され、これは約44万５０００台のガソリン車による年間排出量に相当するという。

ＤＡＣは世界ではスイスのベンチャー企業クライメートワークスが先行しており、世界の石油会社も掘削技術を生かして相次ぎ参入している。国際エネルギー機関（ＩＥＡ）によると、大気中の二酸化炭素は発電所やセメント工場からの排出ガスよりも希薄なため、ＤＡＣは炭素回収の最も高価な方法だという。エネルギー需要とコスト高が課題になっているが、回収した二酸化炭素と水素を使用して合成航空燃料を開発するなど、将来的な利用拡大が期待されている。

仏トタルエネジーはトルコやドイツで再生可能エネルギー事業の提携に乗り出すなど、次々と手を打っている。

23年7月には再生可能エネルギー開発会社トタル・エレンへの出資比率を30％から100％に引き上げた。トタル・エレンは30カ国で太陽光、風力、水力発電プロジェクトを手掛け、チリではグリーン水素も手掛けている。「統合により新たな章を開きつつある」としている。アルジェリアでは国営企業と再生可能エネルギー事業で提携し、ドイツでは洋上風力発電プロジェクトに乗り出す。

トタルエナジーはベルギーやドイツなど欧州にある製油所の脱炭素にも乗り出している。23年9月、再生可能エネルギーを使用して製造するグリーン水素を、年間50万トン購入するための入札を実施すると発表した。欧州の製油所で現在使用している水素をグリーン水素に置き換えることで、30年までに年間500万トンの二酸化炭素の排出量削減を目指すという。

メジャーの環境ビジネスに批判も

こうした石油メジャーの環境ビジネスは地球温暖化への貢献を考えると当然評価されるべきも

のだ。しかし、環境団体などから厳しい目を向けられることもある。

天然ガスを巡る紛争や汚職を調査している非政府組織（NGO）グローバル・ウィットネスは23年2月、米証券取引委員会（SEC）にこんな申し立てを行った。

「シェルが誤解を招く可能性がある申請を行った、という懸念を共有するため書簡を書いた。これを調査し、適切な措置を講じるよう求める」

申し立てによると「シェルの再生可能エネルギーとエネルギーソリューションへの支出のかなりの部分は、そのタイトルにもかかわらず、化石燃料である天然ガスとガス発電電力のマーケティングと取引に向けられている」という。

「天然ガスは再生可能でもエネルギーソリューションでもないことを考慮し、基準に従って適切に報告されているかどうかを調査するよう要請する」と主張した。シェルは申し立てに対し反論している。

石油メジャーの環境ビジネスへの取り組みは積極化しているように見えるが、最近は足踏み状態にあるという指摘もある。

エネルギー情報会社の米エナジーインテリジェンスによると、23年4～6月期の石油、ガス会社による低炭素事業への投資は90億ドルを下回り、最近の4半期に比べてはるかに少ない水準になったという。「21～22年に自然エネルギー・ポートフォリオを拡大するために急ピッチで動いた後、欧州メジャーはプロジェクトを追加するより、むしろ成熟しつつあるプロジェクトに集中するように調整しているのかもしれない」とみている。

国際環境非政府組織（ＮＧＯ）グリーンピースは、世界の石油メジャー６社と欧州の石油・ガス会社６社の22年の年次報告書を分析し、12社の22年の投資のうちグリーンエネルギーに向けられたのは約７％（65億７０００万ユーロ）のみで、残りの約93％（８１５億２０００万ユーロ）は化石燃料事業に充てていたと指摘した。また、22年のエネルギー生産のうち再生可能エネルギーの割合はわずか０・３％だったという。

石油メジャーの環境ビジネスはまだ黎明期《れいめい》にある。どんな効果があるか、環境にどれだけ寄与するのか、といった評価はまだこれからかもしれない。

世界の原油需要の鍵はＥＶの普及

石油会社の経営戦略は、世界の原油需要の見通しと密接に関係している。需要が大きく減ると予想するのであれば、水素や再生可能エネルギーなど環境ビジネスを加速させる必要があるが、逆の場合は原油生産にも力を入れることを考える。

業界では、国際エネルギー機関（ＩＥＡ）などが描くシナリオ通り、実質ゼロエミッションを目指す50年に向かい世界の原油需要は本当に減るだろうか、という疑問の声も根強い。世界の主要機関が出す原油の需要予測は、ＩＥＡのシナリオに近いものもあれば、逆のものもある。そもそも原油需要の動向を決める前提となるＥＶの普及が予想通り進むのかという議論が起きている。

国際エネルギー機関（ＩＥＡ）は３つのシナリオに基づく、世界のＥＶ販売台数の予想を立てている【図３－５】。

①既存の政策や法制化された確固たる政策目標を反映したシナリオ
ＥＶの保有台数は２０２２年の約３０００万台から２０３０年には約２億４０００万台に増え、年平均成長率は約30％になる。

ＥＶの総販売台数は、２０２５年には２０００万台以上（全自動車販売台数の20％以上）、２０３０年には４０００万台以上（同30％以上）に達する。

②各国政府が発表した目標がすべて予定通りに達成されることを想定したシナリオ
ＥＶ保有台数は２０３０年に２億５０００万台近くで、年平均成長率は約35％。道路を走る7台に１台がＥＶとなる。

２０３０年のＥＶ総販売台数は４５００万台（全自動車販売台数の35％以上）になる。

【図3-5】IEAが描くEVの普及シナリオ（保有台数）

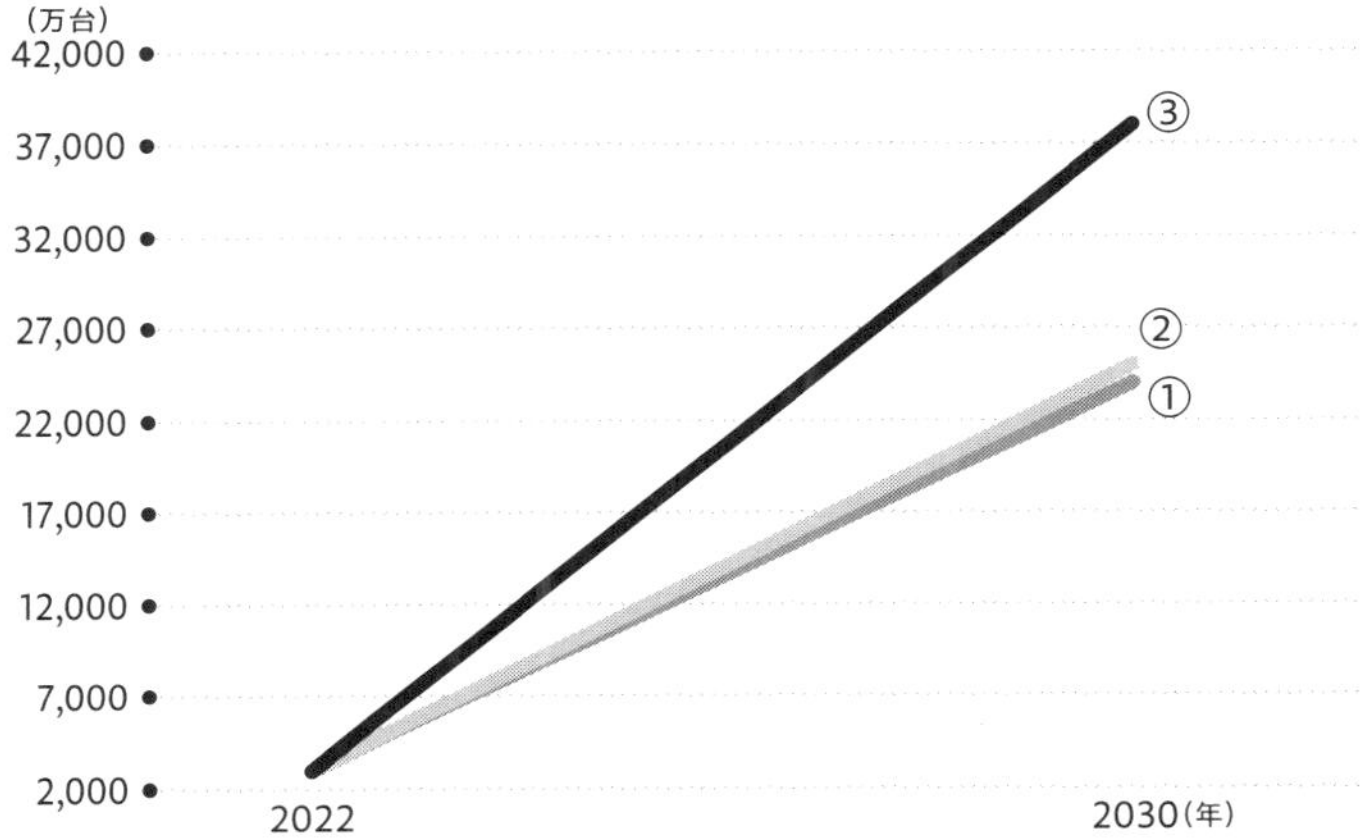

③2050年までの実質排出量ゼロに基づくシナリオ

保有台数は2030年に3億8000万台で、年平均成長率は約40%と急増する。

販売台数は、2025年には3000万台以上（全自動車販売台数の約30%）、2030年には7000万台以上（同60%）になる。

最も少ない①のシナリオに基づくと、パリ協定の目指す水準に沿う③のシナリオに比べ、30年時点で販売台数シェアは約半分ということになる。仮に①のシナリオの通りのEV市場の成長をたどると、実質排出量ゼロの達成には届かない可能性があることを示唆している。

欧州連合（EU）は当初、35年以降、内燃機関車の新車販売を事実上禁止する方針だったが、温暖化ガスを排出しない合成燃料を使う場合に限りガソリン車など内燃機関車の新車販売を認める方針に転換した。

さらに英国は23年9月、政府が現在の気候政策に固執すれば国民の同意を失う危険があるなどとして、スナク首相がガソリン車とディーゼル車の新車販売を禁止する時期を、30年から35年に先送りする方針を発表した。自動車各社は30年を目標に設備投資などの計画を立ててきただけに批判を強めた。

フォードUKは「私たちのビジネスが英国政府から必要としているのは、野心、コミットメント、一貫性の3つだ。30年の目標を緩和することはこの3つを台無しにすることになる」とコメントした。

当初の予定から遅らせるこうした政策がEV販売に与える影響も注目される。

補助金に支えられるEV

世界のEV販売が不安定なことを示す出来事もある。

「世界のEV市場は23年1月、これまでで最も劇的な月次販売台数の落ち込みに見舞われた」

ライスタッド・エナジーの調査ではEV市場に異変が起きた。世界の販売台数は67万2000

台にとどまり、22年12月のほぼ半分、前年同月比で3％の増加にとどまった。全乗用車販売台数に占めるシェアも1月は14％に落ち込み、12月の23％を大きく下回ったという。

各国の税額控除や補助金がＥＶ市場を支えてきたが、23年に圧倒的に大きな市場である中国などで、これらの補助金が削減・撤廃されたことが引き金になった。

「ＥＶの販売台数は、ここ数年比較的一貫して増加傾向にあり、大幅な落ち込みは業界にとって憂慮すべきニュースだ」としている。

世界の販売台数は、その後、米国の急増もあって徐々に回復傾向に戻ったが、ＥＶ販売が多くの場合、補助金頼みである現実が浮かび上がった。

「ＥＶの普及が２０３０年までに石油産業を消滅させる」。17年、スタンフォード大学のトニー・セバ氏はこう予想し注目を集めた。しかし、今のところ、ＩＥＡのどのシナリオでも30年までにここまで劇的なエネルギーの転換を予想していない。

ＥＶ普及とガソリン消費の関係

ＥＶの普及が進んだ国は、ガソリンの消費量が大きく減少すると考えられている。ところが、必ずしもそうではないことをライスタッド・エナジーは23年8月のリポートで指摘した。

ノルウェーでは過去3年間、ＥＶは乗用車販売全体の少なくとも80％を占め、23年は全新車販売の約90％を占める。オスロの道路を走る乗用車の50％以上がＥＶだ。こうした現状をみると燃料需要は劇的に減少すると考えられるが、実際には緩やかな減少にとどまっているという。

23年上半期のノルウェーのガソリンや軽油の消費量は日量6万2０００バレルで、17年から19年にかけての7万バレルと比べ10％しか減っていない。ライスタッド・エナジーの分析では、乗用車の消費量は16年から20％減っているのに、なぜ全体の消費量は減らないのか。

この矛盾を解く鍵は主にディーゼルで走行するバスやトラックにあるという。大型車の燃料需要は増加しており、10年から15年の日量約3万バレルから22年には日量3万2０００バレルまで増えた。つまり、ＥＶ化が遅れているバスやトラックの化石燃料の消費量は増え、国全体でみれば大きく減らない現象が起きているという。

ライスタッド・エナジーは「ノルウェーで見られた状況が世界規模で起きる可能性がある。二酸化炭素排出量の削減が成功するには、乗用車だけでなく大型車両でも対策に取り組む必要がある」としている。

【図3−6】2030年の金属需要予測

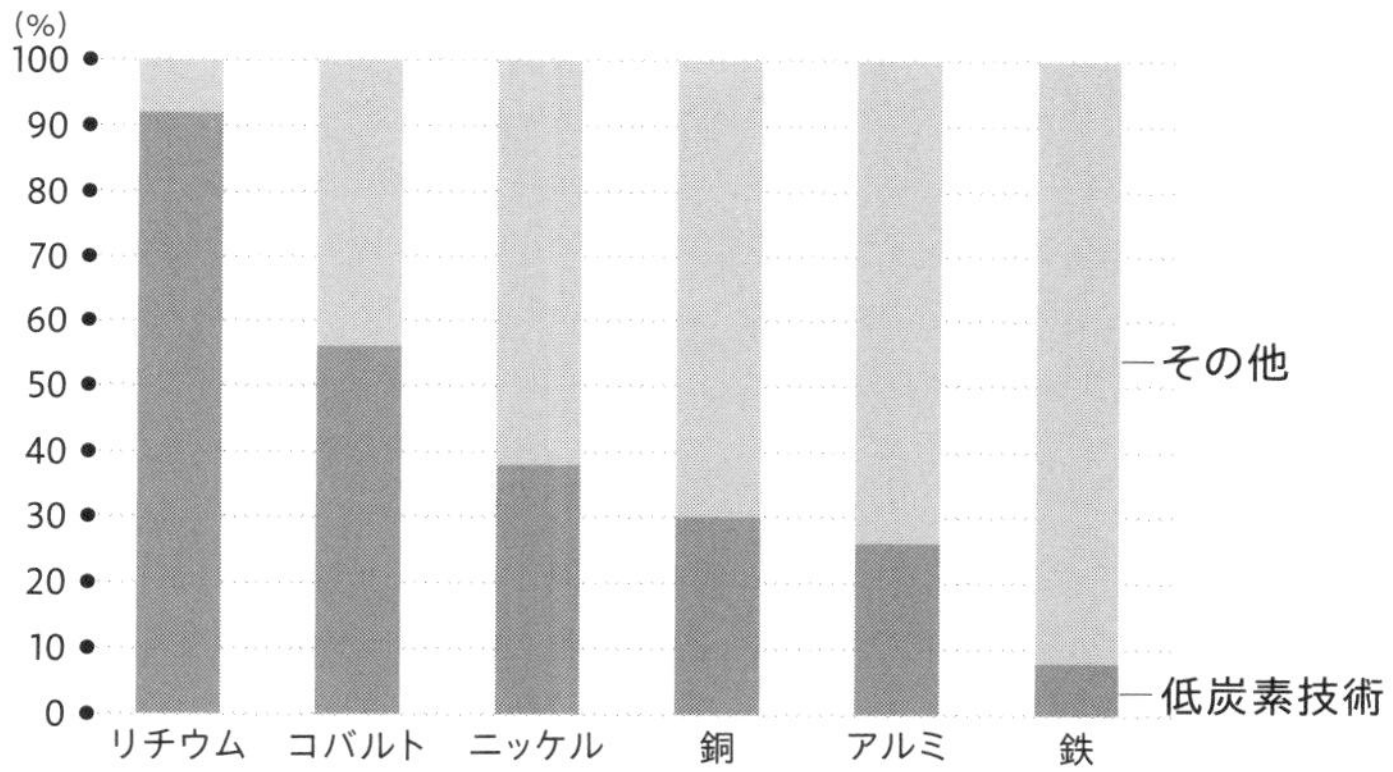

出所：マッキンゼー・アンド・カンパニー

EV普及に金属不足の課題

最近はEVが本格的に普及するにあたっての様々な障害が指摘されている。

コンサルティング会社の米マッキンゼー・アンド・カンパニーによると、リチウムやコバルトなどは低炭素化を進めるための利用が増える【図3−6】。その結果、エネルギーの転換を可能にする重要な金属の不足が迫っており、転換が遅れる可能性があるという。

「ニッケル、銅、リチウム、コバルトなどの供給がこの10年間不足に直面しており、EVのバッテリーなどの価格が上昇するだろう」とみている。

中でも銅は重要な鉱物だ。米エネルギー省は23年7月、初めて資源の中での銅の位置づけを変えた。エネルギー転換への重要性や供給リスクをもとに、銅を中期（25～35年）の「準重要鉱物（Near Critical）」に指定した。世界のクリーンエネルギー技術のサプライチェーンに不可欠で、供給が途絶えるリスクの高い主要材料と判断した。

「クリーンエネルギー経済への移行を続ける中、ソーラーパネル、風力タービン、ＥＶなどに必要な重要なサプライチェーンを予測することは我々の責任である」という。

銅の需給を懸念する声は22年ごろから強まった。Ｓ＆Ｐグローバルは「ＥＶ、電力インフラ、再生可能発電の需要を満たすには、代替品やリサイクルの活用だけでは不十分。大規模な新規の供給がない限り、２０５０年までの実質ゼロエミッションという目標は中断し、手が届かなくなるだろう」と懸念を示した。

Ｓ＆Ｐグローバルは銅の需要供給について2つのシナリオを描いた。前提となる需要は21年の２５００万トンから35年の４９００万トンにほぼ倍増した後、40年からの伸びが鈍化するとの予想に基づいている。

①現在の水準の鉱山の稼働率とリサイクル率が続くシナリオ

２０３５年に最大で９９０万トン不足する。24年から慢性的な供給不足に陥る。２０５０年までの実質排出量ゼロ目標に必要な供給量から20％不足する。米国は２０３５年までに銅需要の

67％、つまり3分の2を輸入しなければならなくなる。

②高い稼働率と過去最高のリサイクル率になるシナリオ

銅の生産量は21年の２４５０万トンから25年に４７００万トン以上になる。それでも25年から供給不足が始まり、30年まで続き、35年には１５０万トン不足する。エネルギー移行に関連する銅の需要が最も高まる年に米国は銅の57％を輸入する必要がある。実質排出量ゼロの50年に予想される需要を満たす十分な供給はない。

いずれのシナリオでも、節目の50年の需要には足りないことになる。「銅の不足が安全保障を不安定にする重要な脅威となる可能性がある。毎年の供給不足が予想され、サプライチェーンにかつてない負担がかかることになる」とみている。

ＥＶの普及は各国の補助金に左右され、金属の供給の影響も受ける。ＩＥＡの描く通りに普及するかどうか、石油業界はまだ確信を持てないでいる。

原油需要は減るのか増えるのか

ＥＶの普及が遅れる事態になれば、脱炭素のスケジュールが遅れ、最終的に原油の需要に響くという懸念が浮上している。こうした事情を映して、専門機関や石油会社の原油の需要予想にばらつきが出ている。

50年の原油需要が増えるか減るかで、世界の有力機関の予想は大きく2つに分かれる。減少を予想するのは国際エネルギー機関（ＩＥＡ）や石油会社のＢＰなど。一方、増加を予想する機関は案外多い。エクソンモービル、ＯＰＥＣ、米エネルギー情報局（ＥＩＡ）は堅調な予想をしている。

ＩＥＡは30年までに原油の需要はピークに達するとの見通しを示したが、これに対し、ＯＰＥＣは23年9月、わざわざリリースを出して反論した。「化石燃料を否定することや、化石燃料が終わりの始まりにあると示唆することは、非常に危険で非現実的な話だ」としたうえで、過去数十年間、ピークが叫ばれてきたが、「明らかに実現していない」と分析した。

ピーク論の予測が危険なのは「しばしば新しい石油・ガスプロジェクトへの投資を中止するよ

う求める声を伴うことだ」として、世界のエネルギーシステムを破綻させるだけで、前例のない規模でエネルギー混乱を引き起こし、世界中の経済と数十億の人々に悲惨な結果をもたらすと警告した。

化石燃料が30年前と同じように世界のエネルギー構成の80％以上を占め続けていることや、化石燃料が提供するエネルギー安全保障が極めて重要であることを認めるべきだと主張した。

予想のばらつきについて、国際エネルギー・フォーラム（ＩＥＦ）は専門機関の６つのシナリオを比較した。このうち３つのシナリオは、45年までに需要が堅調に増加すると見込み、増加率は21年と比べ16％～28％だった。４つのシナリオは化石燃料の需要が45年に引き続きエネルギー全体の50％以上を占めるとみている。

一方、再生可能エネルギー、水力発電、バイオマス発電、原子力発電は６つのシナリオすべてで45年までに90～２１８％成長すると予想しているが、21年の化石燃料の需要レベルまでは届かないとみている。

シナリオごとに異なる予想があるのは当然ではあるが、半面、需要見通しが定まらないことが石油会社の戦略にも影響を与えている。立脚するシナリオによって、石油会社が原油生産を縮小するかどうか戦略に違いがでるのは仕方ないだろう。

50年までに実質ゼロエミッションを達成するというＩＥＡのシナリオに、石油会社は懐疑的ではないのかと思わせる文書が話題になった。

エクソンモービルが23年5月に米証券取引委員会（ＳＥＣ）に提出した文書だ。議決権行使助言会社グラスルイスの提案に対する回答という形で出された。

「ＩＥＡの実質ゼロエミッションのようなシナリオを達成するのに必要な世界的な生活水準の低下を、社会が受け入れる可能性はかなり低い（highly unlikely）」と述べた。

エクソンモービルは23年8月に発表した50年までの原油の需要見通しでは、ＥＶの普及は個人の輸送の原油消費量を減らすと予想されるが、海運や長距離トラック、航空などには不可欠であり続けるとみている。

たとえ35年に世界で販売されるすべての新車乗用車がＥＶになったとしても、50年の石油需要は依然として日量８５００万バレル程度で推移し、これは10年頃に観察されたレベルと同じだとしている。そして「石油とガスは、50年になっても世界のエネルギー供給の半分以上を占め続けるだろう」とみている。

世界は一致して原油需要の減少を予想して、そのシナリオに基づいて動いていると思いがちだが、実際には多様なシナリオのもとで動いている。

米ブルックリングス研究所が発表した23年9月の論文は、米国の需要と供給のあり方を示した。

まず、地球温暖化ガスを削減するため、米国が石油の生産削減を推し進めることに疑問を呈した。生産を減らすことは「風船を割るようなもの」で、生産を他の国に飛び火させるようなものだと指摘。需要を満たすため他の生産国が簡単に参入してくるから、世界の原油生産の大幅減少につながるわけではないし、温暖化ガス排出量を米国から他の国に移転するだけだとしている。また、米国が需要を上回るペースで生産を削減すれば、「エネルギー安全保障も損なわれる」とみている。そして、排出量削減にはＥＶの普及により需要を減らすことの方が効果的だとしている。

生産余力の乏しいＯＰＥＣ

長期的には原油需要が増えると予想するＯＰＥＣプラスが、減産傾向を強めている。22年10月、合計で日量２００万バレルの協調減産で合意。23年6月には協調減産の枠組みを24年末まで延長すると決め、サウジアラビアは独自の追加減産を表明した。

ＯＰＥＣはなぜ減産に前向きなのか。原油相場が下がると、国の財政にも大きなマイナスだから、価格維持を狙っているという解説もあるが、それだけではないだろう。

そもそも増産が難しい状況にあるというのが現実だ。ＯＰＥＣ加盟国の中には、以前から増産どころか減産に追い込まれている国もあり、減産の表明は各国の実態に合わせたとみることができる。

米エネルギー情報局（ＥＩＡ）が算出している生産余力（surplus production capacity）というデータがある。ハリケーンなど何か不測の事態が起きたときなどに、30日以内に生産を始め、90日間維持できる最大容量を指す。

22年の４半期ごとの生産余力は日量１６７万～３１２万バレルと21年の半分程度になった。2020年、21年はコロナ禍で生産が減った影響で余力が増えたが、22年からは元の低い水準に戻った。つまり、急に増産する余力に乏しいことを意味する。こうした状態で、大きく増産することは難しい。

非ＯＰＥＣ国もコロナ禍前の低い水準に戻っている。脱化石燃料を進める中で、石油会社が開発投資を減らし、新規の油田を増やさなかった影響が出始めている。

ＯＰＥＣ加盟国で原油生産量の最も少ない西アフリカの赤道ギニア。この国の事情をみると、ＯＰＥＣの現状が見えてくる。

１９９２年に石油・天然ガスの生産が始まった赤道ギニアの経済は、原油、天然ガス輸出に依存している。それが、23年５月、原油の輸出がゼロになったとみられている。

生産量の減少に歯止めがかからないのが原因だ。23年４～６月期の生産量は日量６万バレルで、前年同期の９万バレルから３割以上減った。欧米の石油会社が新規のプロジェクトを手控えたため、既存の油田からの生産が減ると、そのまま減産に直結する状態にある。

赤道ギニアで生産しているエクソンモービルは、26年にライセンスが切れた後、同国から撤退すると伝えられている。石油大手は開発投資を絞る中、どの油田を選ぶかを迫られている。OPECの原油生産もそうした石油会社の戦略の枠組みと無縁ではない。

増産に動くノルウェーの選択

脱炭素を目指し、世界の国々は石油事業を減らす方向に動き、油田の開発の認可にも慎重になるものだと考えがちだ。ところが、開発を熱心に後押ししている国もある。それがノルウェーだ。

ノルウェーは世界の原油生産の2%、天然ガス生産の3%を占め、その大半を輸出している。23年6月、投資額が約190億ドルの海洋石油、ガス事業19件について開発を承認にした。原油開発への熱心さはほかの国にはみられないほどだ。とくにノルウェー北部にあるバレンツ海の海底油田に熱い視線を送っている。

石油・エネルギー大臣は、石油・ガス会社に対し、未発見の石油・ガス資源の大部分が存在すると推定されるバレンツ海で、より多くの天然ガス資源を発見するために「あらゆる手段を講じる」よう呼びかけた。ノルウェーは石油産業を清算するのではなく発展させなければならないとも付け加えている。

バレンツ海開発の先頭には国営石油エクイノールが立っている。2022年決算では前年比3・3倍となる287億4400万ドルという記録的な純利益を上げた。ロシアによるウクライナ侵攻で、欧州に天然ガス危機が起きたことで、ドイツ向けの天然ガス輸出量ではロシアを抜いて首位になったことが寄与した。利益の水準は米エクソンモービルのほぼ半分の水準まで伸びた。

積極的な石油開発を進めるエクイノールは23年5月、株主総会で環境派株主から強い批判にあった。

「バレンツ海での活動に関するすべての計画を中止し、再生可能エネルギーや低炭素事業への投資を2050年までに減らす」

「石油、ガスのすべての探査と試験掘削を中止し、再生可能エネルギーの主要生産国となり、2050年までにノルウェーをネットゼロにすることを可能にする計画を提示する」

環境派はこうした株主提案で会社に対応を迫った。しかし、結果はすべて否決だった。石油開発を進めるノルウェーは環境対策を忘れたわけではない。23年初め、国営企業がパリ協定に沿って温暖化ガスの排出量削減の目標を設定し、対策を講じるべきだという方針を決定している。

一方で政府は原油を安定的に供給し「社会的責任」を果たすべきだとしている。ロシアによるウクライナ侵攻で危機に陥った欧州に、大量の天然ガスを供給したように、今後も責任を果たすことを重視している。

ノルウェーの輸出の半分は原油、天然ガスが占め、国内総生産（ＧＤＰ）の20％以上を占めている。環境ビジネスが発展途上にある中で、油田開発をそう簡単に手放せない事情がある。

また、エクイノールが立てた50年までの世界の原油、天然ガスの需要の予想からは、原油や天然ガスを減産するという選択肢は見えてこない。

エクイノールは２つのシナリオを立てている。需要が大きく減るシナリオでは原油は76％減り、天然ガスは70％減ると予想。減少率の小さいシナリオでは、原油は10％減り、天然ガスはむしろ10％増えるとみている。後者のシナリオを考えれば、いま減産へかじを切ることが正しい選択かどうか迷うだろう。

ノルウェーの石油・ガス産業への投資は、23年に約２１０億ドルと、13年を上回り過去最高を更新すると予想されているという。石油・ガス生産量は、04年の日量約４６０万バレルのピークから約15％減少したにもかかわらず、再び増加する見込みで、ガス生産とパイプラインの新しいプロジェクトへの注目が高まった結果、25年までに生産量がピークレベルに戻る可能性があるという。

ノルウェーの増産への姿勢は、産油国も石油会社も50年の明確な需要見通しを描けないでいることの裏返しだ。不透明感がある中で、減産にかじを切るリスクは大きいと考えている。

化石燃料への政府の補助金も増加傾向

世界の政府は化石燃料への支援をやめていると考えがちだが、実際には増えていることも見逃せない。国際通貨基金（ＩＭＦ）は23年8月、化石燃料に対する世界の補助金が過去２年間で２兆ドル増加し、22年には過去最高の７兆ドルに達したと発表した。

コロナ禍後の消費の伸びと、ロシアによるウクライナ侵攻でエネルギーコストが上昇したことが影響した。

「石油、石炭、天然ガスに対する補助金は、世界の国内総生産の７・１％に相当する。これは各国政府が教育に年間支出する金額を上回り、医療費の約３分の2を上回る」としている。

電力などの価格を低く抑えるため、政府が企業や消費者に直接支払う補助金は20年以来2倍以上の１兆３０００億ドルに増加した。さらに大気汚染や地球温暖化による損害に対する費用である、暗黙の補助金が多く、今後も増加する可能性が高いと警告した。ＩＭＦは「エネルギー価格が下落した現在、補助金を廃止するのに理想的な時期だ」と述べた。

同じ時期に発表した、持続可能な開発に関する国際研究所（ＩＩＳＤ）のリポートも、Ｇ20加盟国は22年に化石燃料支援のために記録的な1兆４０００億米ドルの資金を提供したと指摘した。内訳は化石燃料補助金（1兆ドル）、国有企業による投資（３２２０億ドル）、公的金融機関からの融資（５００億ドル）が含まれ、新型コロナウイルス以前と比べ2倍以上となっている。「これらの数字は、気候変動の壊滅的な影響が増大しているにもかかわらず、Ｇ20各国政府が化石燃料に巨額の公的資金を注ぎ続けていることをはっきり示している」としている。

排出量削減への貢献を求める声も

油田開発に再び力を入れ始めた石油会社に対し、環境派は厳しい目を向けている。「（世界の石油会社は）２０２１年以降、パリ協定の目標に向けてほとんど進歩していない。驚くことに若干の遅れすらある」。

企業のＳＤＧｓへの貢献度を評価するWorld Benchmarking Alliance（ＷＢＡ）と英国ＮＧＯのＣＤＰが23年6月、こんな結果を発表した。エクソンモービル、ＢＰ、サウジアラムコなど世界の大手石油、ガス会社を調査した。

気温上昇を１・５度に抑えるというシナリオに沿って排出量を減らした企業は全体のわずか

12%、30年までのメタン削減目標を明らかにしている企業は29社のみだった。

設備投資のうち低炭素技術にどれだけの投資を行ったかを報告している企業はわずか25%で、開示していない企業は「投資が危険なほど不足している」と指摘した。温暖化ガス排出量の実質ゼロを目指すためには、迅速な行動が必要で、投資家、政策立案者の責任を問う国民からの圧力が加速することが必要だとしている。

原油や金属などの資源会社にとって、開発を続けながら温暖化ガスの排出量を減らすことは容易なことではない。

排出量の目標を掲げて取り組みを強化している英豪資源大手リオティントは23年7月、海外メディアに対し、25年の目標達成について、炭素クレジットの購入という「最後の手段」を使わないと達成できないことを認めた。

リオティントの排出量のほとんどは、高温が必要なアルミニウム精錬などから発生しており、多くの場合石炭を使っている。排出量の目標は18年の基準値と比較して、25年までに自社排出の「スコープ1」と電力利用などの「スコープ2」を15%削減し、30年までに50%削減することを目標にしている。ところが、22年の削減は7%にとどまっていた。

資源会社は環境重視か、資源開発重視かのはざまで揺れている。いったん環境重視に振れた針を、22年から資源開発へと戻した。理想は分かっていても、EVの普及見通しにも、原油の需要見通しにも確信を持てない中では、どちらかに傾斜するリスクが意識されている。株主も資源開発の重要性を考え、年次総会では環境派の提案に反対する姿勢を強めている。

「疾風怒濤の21年」には当然、企業も株主も環境重視の路線を直線的に進むのだと信じられていた。ところが、将来にわたるエネルギー源をどう確保するかという極めて重要で、古くからある問いに正面から向き合ったとき、石油の価値を見直す動きが経営者や株主から出てきたことは当然だったかもしれない。

「反動と反省の22年」を経て、この先、環境重視の路線に再び大きくかじを切ることはあるだろうか。

50年の地球温暖化ガス排出量の実質ゼロに向かい、国際世論は急ピッチで脱炭素を進めないと間に合わないと考えている。ところが、環境重視か、資源開発重視かの二元論の間を行き来する混沌とした状況で、期待されるスピードを出すことができるだろうか。まず、資源会社が直面している複雑に絡み合った現実を直視することから始めるべきかもしれない。

第4章

ダイベストメントか エンゲージメントか

環境投資のジレンマ
反ＥＳＧの流れはどこに向かうのか

裾野広がるダイベストメント

2023年6月、イングランド国教会（The Church of England）は、23年末までに石油、ガス会社を投資対象から外すと発表した。「企業に対し、気候変動に真剣に取り組み、とくにパリ協定の目標に沿い、気温上昇を産業革命以前の水準から1・5度に抑える努力をするよう求めてきた。ある程度の進展はあったが、まだ十分とは言えない」というのが理由。

イングランド国教会の年金委員会も6月、「パリ協定の目的に沿って脱炭素化への十分な野心を示せていないシェルやその他の石油・ガス会社への投資から撤退する」と発表した。理由について「私たちの年金基金の長期的な利益と、パリ協定の目標を達成するために必要な野心を犠牲にして短期的な利益の最大化を求める企業への継続的な投資の間には大きなずれがある。とくにBPとシェルによる過去の約束の撤回は、このセクターの移行能力に対する信頼を損なっている」と述べた。

環境対策を強化する世界の年金基金や運用会社のダイベストメントは投資対象から外すことで、企業が株式や債券を発行する際のコストを上昇させ、経営者に対し積極的に脱炭素に取り組むよう圧力をかける狙いがある。

ダイベストメントはもはや証券会社、運用会社、銀行だけの話ではない。投資規模は小さいとはいえ、世界の教会にも波及してきた【図４－１】。

20年ごろ、ダイベストメントは世界で１つのブームになった。世界の著名な投資家、年金基金、金融機関、大学、自治体が相次ぎ導入を宣言した。

【図4-1】ダイベストメントを実施している機関の割合

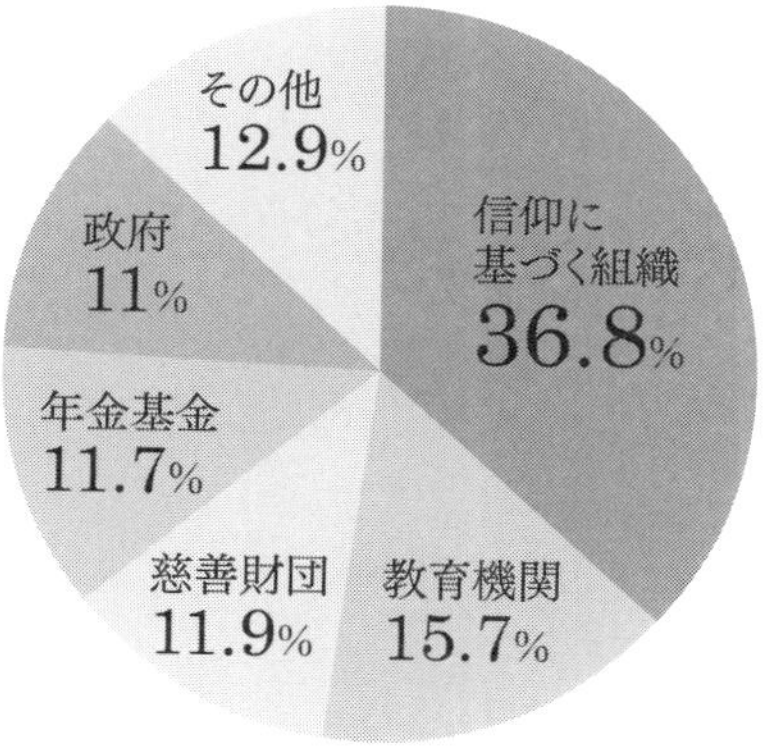

出所：Global Fossil Fuel Divest Commitments Database

世界のダイベストメントのデータを集計している「Global Fossil Fuel Divest Commitments Database」によると、現在その規模は１５９３の機関で総額約40兆ドルになる（23年８月時点）。

エネルギー経済・財務分析研究所（Institute for Energy Economics and Financial Analysis、ＩＥＥＦＡ）の23年5月の報告によると、世界の主要な金融機関は石炭からのダイベストメントを速い速度で進めている。コミットメントをする金融機関が100に達するのに6年かかったが、それから3年で数は2倍になったという。アジアでも増えており、13年から19年4月の間は10の金融機関しか採用していなかったが、現在は41機関が採用している。

ダイベストメントを採用する金融機関は、「気候リスクが金融システムのシステミック・リスクになるという知識が広まるにつれ、運用方針を見直し、強化している」という。大手ではなく中堅の金融機関がダイベストメントの採用をリードしていて、IEEFAは政府がグリーンウオッシングへの規制を強化する中、市場が素早く学習している結果だとみている。

ダイベストメントの基準に反発も

ダイベストメントの分野の「老舗」の1つはノルウェーの政府年金基金(GPFG)だ。2006年ごろからタバコや武器などを製造する企業をダイベストメントの対象にしてきた。環境分野では16年に石炭の企業グループ52社を投資対象から外し、その後も対象を拡大してきた。22年には人権問題や汚職などを理由に74社をダイベストメントのリストに加えた。

GPFGはダイベストメントを発表した後、しばしば対象企業から強い反発にあった。「温暖化ガスの排出が許容できず投資基準に合わない」として、20年5月、カナダのオイルサンド企業、

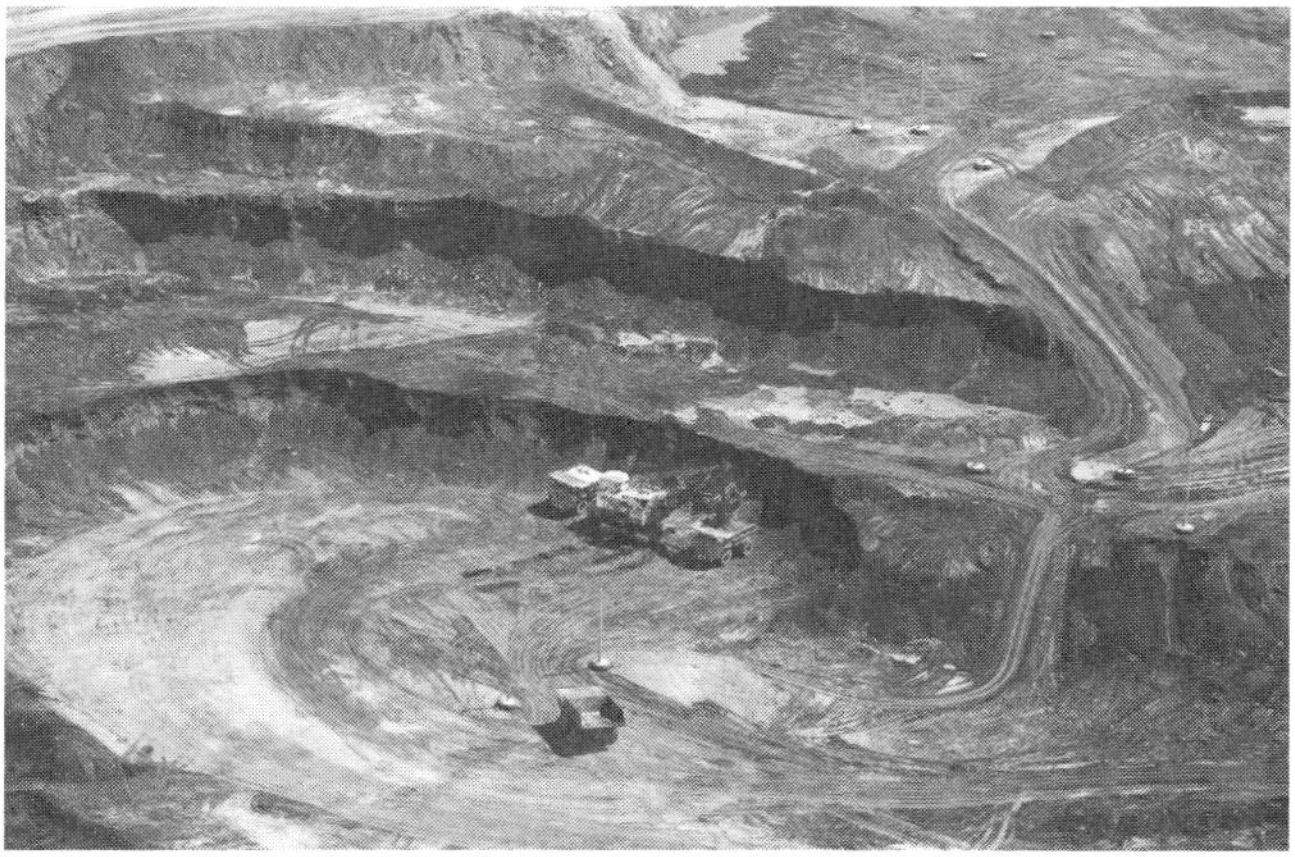

カナダのオイルサンド企業もダイベストメントのターゲットに（AP／アフロ）

サンコールエナジーやカナディアン・ナチュラル・リソーシーズなど4社を投資対象から外すと発表したときがそうだった。

オイルサンド事業は地下に埋蔵されているタール状の塊を取り出し、原油を精製する。埋蔵量の多いカナダは世界4位の産油国になったが、半面、常に環境保護団体などから批判の的だった。

カナダのオイルサンド産業を代弁する業界団体は「温暖化ガス排出に対する懸念は誤解だ。10年で大きく減り、今後10年も多く減らす」と反論した。確かに、オイルサンドの割合の大きいカナダの温暖化ガス排出は05年から21年に8・4％減少している。とくにGPFGがダイベストメントを発表した20年は前年比9％減っている【図4－2】。

ダイベストメントをするかどうかは、投資サイドが設定した基準に基づいて行う。ある投資家は企業

【図4–2】カナダの温暖化ガス排出量

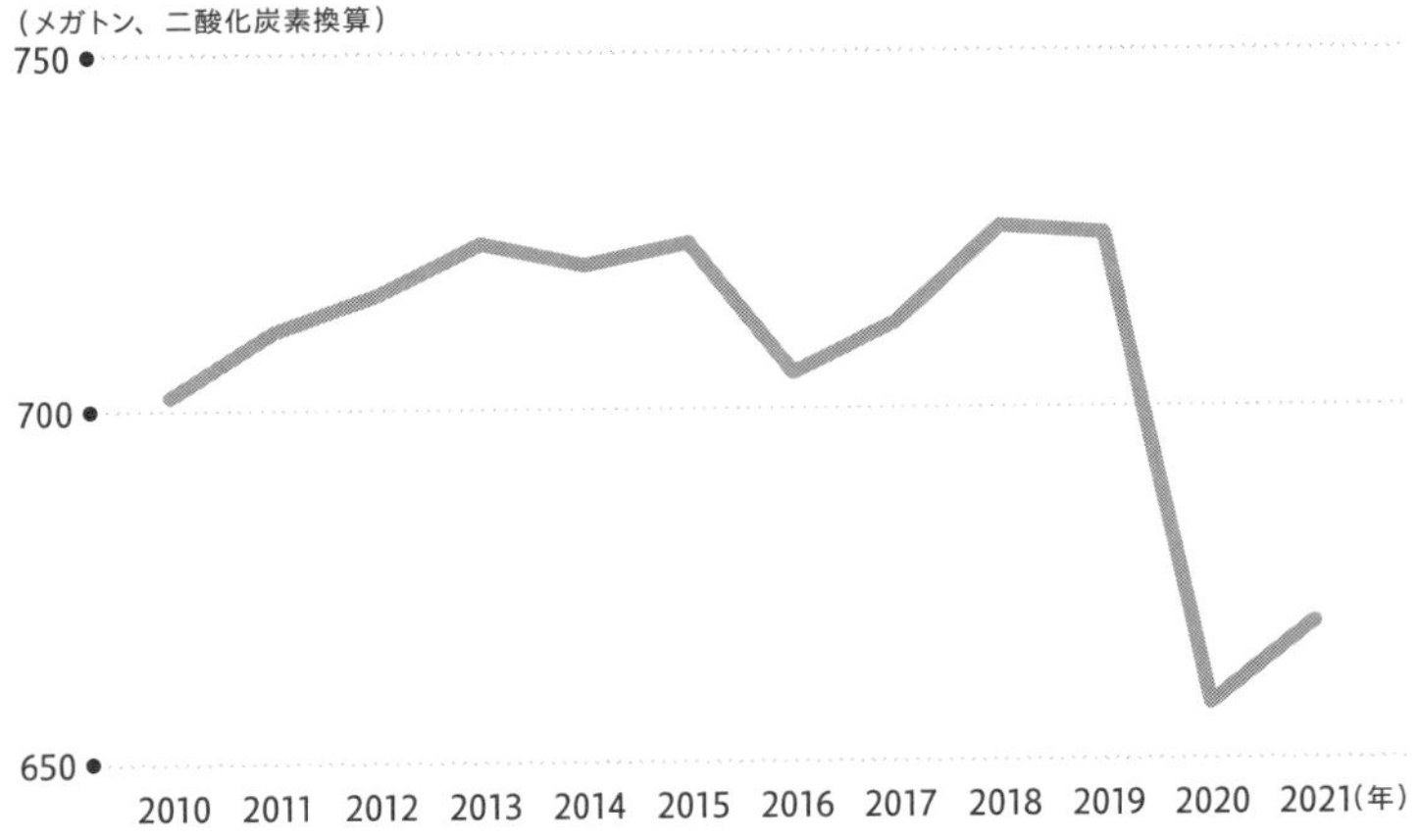

出所：Environment and Climate Change Canada

の売上高に占める化石燃料の割合が25％以上という基準を設定し、別の投資家は20％以上にしている。対象となった企業にしてみれば、統一された基準ではない評価軸で、突然、株売却の宣告を受けることになるため摩擦が起きやすい。

ダイベストメント効果論

ダイベストメントを相次ぎ導入して、実際にその効果はどれぐらいあるのだろうか。株を投資対象から外せば、本当に化石燃料企業の資金調達コストの上昇を通じて経営陣への圧力となって、化石燃料事業を縮小する方向に働いているのだろうか。

この問題に、米ハーバード大学ビジネススクールの教授が23年6月に発表した論文が1つの答えを示した。

論文では石炭会社に絞って、金融機関のダイベストメントが経営に与える影響を分析した。これまで市場関係者の間で疑問とされてきた点について答えている。

「石炭から撤退するという強力な政策を実施する銀行と関係のある企業の負債は、減少するという証拠を見つけることができる」「年間の負債額は24%減少する。事業活動が石炭に集中している企業、小規模企業でこの傾向が顕著だ」としている。ダイベストメントが経営への圧力になっているとみている。

一般的に、ダイベストメントについて、ある投資家が石炭企業の株式を売却し、ある銀行が石炭企業の融資から撤退しても、ほかの投資家や銀行が参入してくることから意味がない、という指摘がある。

これに対して論文は「退出する貸し手の代替、株式市場での代替は限定的のようだ。撤退された企業は長期債務自体を減らしている」と分析した。

ダイベストメントが温暖化ガス排出量の削減に与える影響についても、金融機関からの撤退にさらされた企業は発電所などの資産を売却するため、「排出量が減少している」という。

全体としてダイベストメントは効果がある方法だとして、効果を大きくするには「ダイベストメントの強さが重要だ」と結論づけた。

こうした「ダイベストメント効果論」については別の論文も注目されている。

「年金基金が10年前に化石燃料への投資から撤退していたら、高いリターンを得られただろう」。カナダのウォータールー大学の教授は23年6月、こんな研究成果を明らかにした。

米国最大の年金基金であるカリフォルニア州職員退職年金基金（カルパース）や、カリフォルニア州教職員退職年金基金（カルスターズ）など米国の8つの年金基金について、2013年から22年までの実際のポートフォリオと、化石燃料株を除いたポートフォリオのパフォーマンスを比較した。

8基金のうち主要な6基金についてみると、10年間の実際の運用成績は4027億ドルで、化石燃料株を除いたポートフォリオの成績は4246億ドルになり、200億ドル以上の差があった。

環境面の効果もあるとみている。ポートフォリオに含まれる企業の二酸化炭素排出量を比較すると、実際のポートフォリオは、化石燃料を除いたポートフォリオより16・6％多く、この差は年間3500万世帯のエネルギー使用量に相当するという。

ダイベストメントは「気候への影響の観点から合理的」「より高い利益と低い二酸化炭素排出量という2つの有利な状況を作り出すことができる」と結論づけている。

石炭事業を縮小する効果は

「ダイベストメント効果論」の一方で、脱炭素の潮流が強まっているのに世界の石炭産業や石炭事業は本当に縮小に向かっているだろうか、と疑問視する声もある。世界の現実は逆に向かっているとの指摘もある。

南アフリカにトゥンゲラ・リソーシズという石炭採掘会社がある。21年半ばにヨハネスブルク取引所に上場して以来、株価は右肩上がりの高騰を続けている。上場時の株価に比べ、一時は最大13倍まで跳ね上がり、2023年7月末でも4・6倍の高水準だ【図4－3】。

業績も好調だ。2022年の売上高は前年同期比1・9倍、EBITDA（利払い・税引き・償却前利益）は2・9倍と驚異的な成長を遂げている。中国やインドを中心にアジアの石炭需要の拡大を追い風に今後さらに成長するとの期待も高い。

脱炭素時代に石炭企業が大きく成長をすること自体を問題視する見方もあるが、それ以上にこの会社の成り立ちが議論を呼んでいる。

それはトゥンゲラが、英資源大手アングロ・アメリカンが環境対策を強化する中で売却した会社だからだ。世界の資源大手は株主などからの強い批判を受け、相次ぎ石炭事業からの撤退や縮

【図4-3】トゥンゲラ・リソーシズの業績

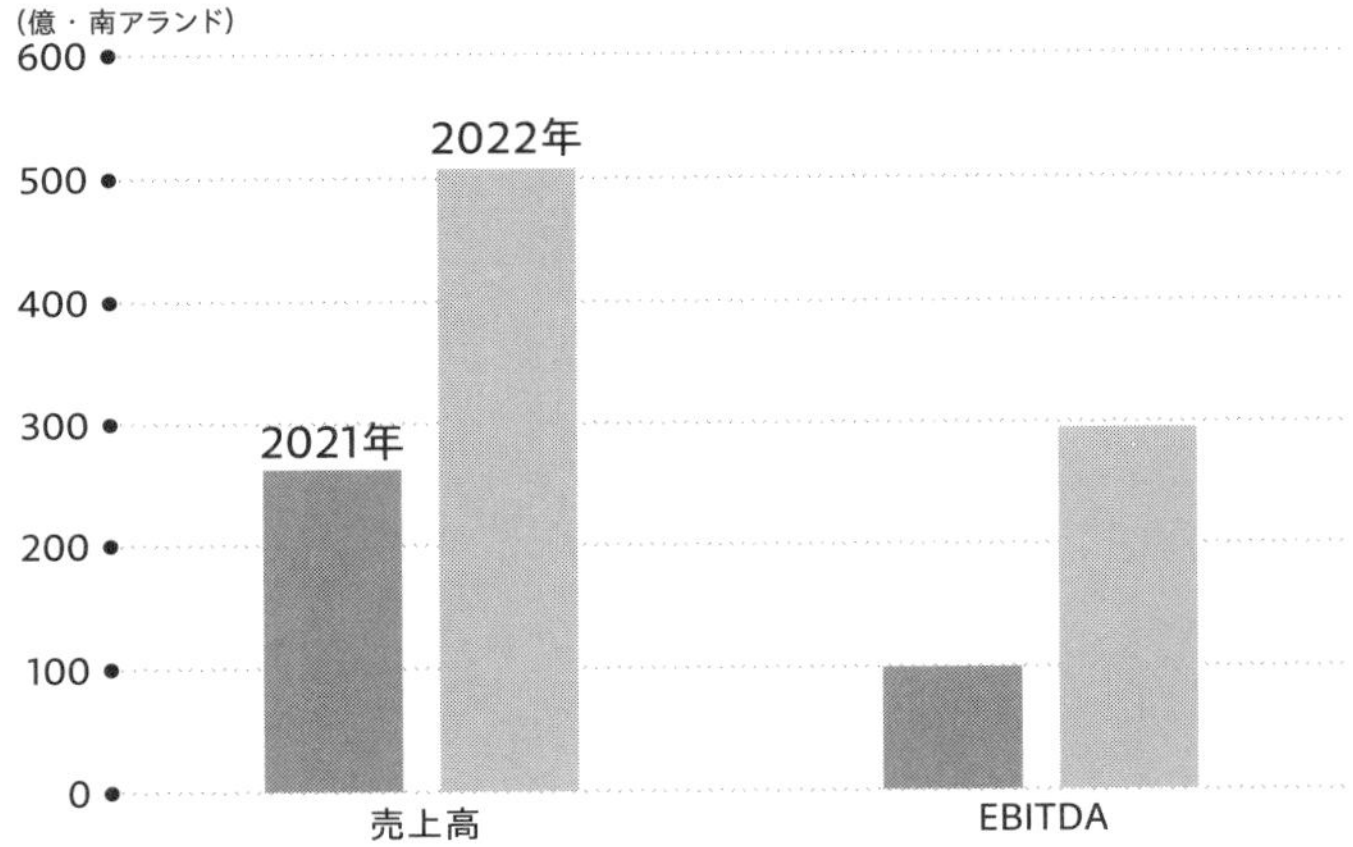

小を決めた。投資家のダイベストメントとは異なるが、資源会社が脱炭素の中で一部事業から撤退した結果生まれたのがトゥンゲラだ。

アングロ・アメリカンにすれば、南アの石炭事業から撤退したことは、環境対策に積極的に取り組んでいると前向きに評価されることかもしれない。同社は19年にサプライチェーンまで含む温暖化ガス排出量である「スコープ3」を40年までに半減させるという高い目標を発表、こうした目標の実現にも資するとみられる。

しかし、一方で、売却した石炭企業が石炭掘削を推し進め、高い成長を遂げている状況は、どう受け止めるべきなのだろうか。しかも、トゥンゲラの株主には脱炭素を掲げたはずの欧米の著名な運用会社が並んでいる。

温暖化ガスの排出量という観点からみると、資源会社が石炭事業を売却したところで、事業が存続するなら、地球規模でみれば何ら変化はない可能性があるだろう。

ドイツの環境NGOウルゲバルトが22年に発表した「世界の石炭撤退リスト（Global Coal Exit List 2022)」は、こうした石炭産業にまつわる疑問点を浮き彫りにした。

世界の石炭関連の1064社を対象に取り組みを調査した結果によると、490社が新しい石炭発電所、新しい炭鉱、または新しい石炭輸送インフラを開発中だという。これらのプロジェクトが実現すると、世界の石炭発電能力が23％増えることになると予想している。

一方で、石炭から撤退する日付を発表した企業は56社で全体の5・3％。パリ協定の50年に実質ゼロエミッションのシナリオでは、30年までに石炭発電所の廃止を目指す国もあるが、こうした目標に沿った撤退日を発表したのは27社と全体の2・5％だった。

石炭が全盛期だったころに「coal is king」という言葉が生まれた。脱炭素時代が視野に入ると「座礁資産」という位置づけになったと思われがちだ。しかし、ミクロの視点でみると、依然として勢いが衰えていない現実が見えてくる。

ダイベストメントに見直しの機運

20年にダイベストメントが盛り上がりを見せた時、最先端の動きとして注目を集めたのが米運用会社のブラックロックだ。

20年にラリー・フィンク最高経営責任者（ＣＥＯ）が投資家に宛てた書簡が象徴的だ。要点は次の通り。

- 一般炭は極めて炭素集約度が高く、採算は悪化の一途をたどっており、規制の対象となる可能性が高い。世界的にエネルギー転換が加速するにつれて、事業への投資を継続することは正当化できなくなると考える。
- 売上高の25％以上を一般炭生産から得ている企業が発行する債券、株式を、アクティブ運用ポートフォリオから除外する作業を進め、２０２０年半ばまでに完了する。
- 今後、オルタナティブ運用部門では、売上高の25％以上を一般炭事業から得ている企業への直接投資を行わない方針だ。

石炭関連企業をダイベストメントの対象にすることを掲げ、ほかの運用会社の方針にも影響を与えた。

ところが、2022年の書簡ではダイベストメントについての考え方が変化したことをうかがわせた。

「特定のセクターから資本を引き揚げること、あるいは炭素集約度の高い資産を上場企業から非上場企業へと単に移動させるだけでは、ネットゼロを実現することはできない」

そのうえで、石油、ガス会社から一律に資本を引き揚げる方針は取っていないと明言した。そして、投資の方針について次のように述べた。

- 炭素集約度の高いセクターでも先見の明のある企業の行動が脱炭素化に欠くことのできない重要な要素である。
- 移行を先導する企業への投資は顧客にとっても重要な投資機会をもたらすことになる。このような強さのある企業に資本を振り向けることが、ネットゼロ社会の実現に不可欠になる。

20年の書簡と比べた大きな違いは、ダイベストメントについての考え方もあるが、化石燃料企業を最初から拒むのではなく、むしろ脱炭素への取り組みを後押しする投資を行うとしていることだ。

23年の書簡では化石燃料会社への考え方がさらに変化したように見える。

「石油・ガスは（エネルギー転換の）過程で世界のエネルギー需要を満たすために重要な役割を果たすことになるだろう」

そのうえで、既存のエネルギー企業が移行期の変化に事業を適応させることで投資機会が生まれるとした。ダイベストメントの分野で先駆的に取り組んだブラックロックが柔軟に戦略を変えたことがうかがえる。

機械的に1か0かという選択をするのではなく、その間にある移行期の投資機会に注目する動きはほかの投資家の間でも広まっている。

ダイベストメントに批判の声

世界の有力な投資家の中には、ダイベストメントの効果を疑問視し、導入に批判的な見方もある。

23年5月、カリフォルニア州上院は、カリフォルニア州職員退職年金基金（カルパース）とカリフォルニア州教職員退職年金基金（カルスターズ）に化石燃料企業への投資を停止するよう求める法案を可決した。

「ＳＢ２５２」と呼ばれるこの法律は、24年から上場している化石燃料２００社への新規の投資を禁止する内容だ。31年7月1日までに既存の分の投資を清算する必要もある。

ところが、州の傘下にあるカルパースは一貫してダイベストメントに反対の立場だ。

「気候変動が世界経済、そして長期的な投資に重大なリスクをもたらすことを認識している。しかし、これがエンゲージメントなどを通じて（株主として経営に関わることで）対処しなければならないリスクでもあると考えている」としている。

そして、ダイベストメントについて「地球温暖化ガスの排出量削減に対する効果的な解決策であるとは考えていない」「企業の経営にほとんど影響を及ぼさないため、温室効果ガス排出量の削減には何の役にも立たない」と批判的だ。

「化石燃料会社の株式の売却を強制しても、人々が車で通勤したり、子供を学校に迎えに行ったり、食料品店に食べ物を届けたりするために使用するガソリンの量は変わらない」と手厳しい。

米マイクロソフト共同創業者のビル・ゲイツ氏は英フィナンシャル・タイムズ（FT）のインタビューで「化石燃料からの投資撤退は気候変動と闘う解決策ではない」と語っている。「これまでダイベストメントにより、温暖化ガス排出量をほとんど削減していない。鉄鋼やガソリンを生産する人々が資本不足になったわけではない」という。そして、ダイベストメントが盛んになっても世界の排出量が増えている現状に疑問を投げかけた。

ダイベストメントは定着するかに見えたが、実際にはまだ流動的だ。

目先の株価への影響は限定的か

ダイベストメントをした結果、実際に化石燃料企業の株価に下押し圧力がかかるのだろうか。短期的に見ると、必ずしも影響はない可能性がある。

20年5月にノルウェーの政府年金基金（ＧＰＦＧ）がダイベストメントの対象にしたカナダのオイルサンド企業のサンコールエナジー。ダイベストメントの前と後を比べると、株価に大きな変化はみられない。

20年5月の株価は、新型コロナウイルスの拡大で世界的に株価が落ち込んだにもかかわらず、1年前とほぼ横ばいだった。しかも、その1年後にはほぼ2倍に上昇している。

石油会社の業績は原油相場に連動しやすく、株価もそれを反映する。サンコールエナジーの最終損益は２０１９年通期が28億９９００万カナダドルで、20年通期に43億１９００万カナダドルの赤字に転落した。原油生産量は大きく変動していないことから、原油安が大きな原因となったことが分かる。

22年には純利益が90億７７００万カナダドルとコロナ前の3倍以上に拡大した。この間、大口の株主に名を連ねていた著名な運用会社が撤退した様子もない。

カナディアン・ナチュラル・リソーシーズも同じだ。20年5月の株価は新型コロナの影響で1年前に比べ3割下がったが、1年後には6割高、2年後には3倍になった。最終損益は20年通期が4億3500万ドルの赤字だが、21年通期は76億6400万ドルの黒字で、22年通期は109億3700万ドルと過去最高益を達成している。

サンコールエナジーもカナディアン・ナチュラル・リソーシーズも、ダイベストメントの影響を受けた痕跡はみられない。

過去に、たばこの健康被害が問題になり、たばこ会社に対するダイベストメントが盛んになった時とは事情が違う。化石燃料はたばこのような嗜好品ではなく、生活に欠かせない。価格形成の過程もまったく異なるため、過去のダイベストメントで得られた経験則が当てはまらない可能性があるだろう。

石油会社の株価に大きく影響するのは、株主による売却よりも、業績そのもので、結局は原油相場の影響が大きいとみられる。原油相場が上昇傾向にある限り、少数の株主による投資行動は影響が限定的にならざるを得ない。

資本コストに懐疑的な見方も

「インパクト投資の人気が高まったにもかかわらず、対象となった企業とそうでない企業との間に資本コストに大きな差は見られなかった」

スタンフォード大学の教授らが21年10月に発表した論文では、投資家によるダイベストメントが企業の資本コストに与える影響についてこんな分析をした。

資本コストに1％以上の変化をもたらすには、インパクト投資家が投資可能な資産全体の80％以上を占める必要があるが、現在のレベルは低すぎるとみている。社会的責任のある投資家がダイベストメントをするとき、効果を発揮するには、他の投資家にも離れるように誘導しなければならないが、売却対象となる株式が少なすぎると分析した。

確かに、化石燃料会社に対するダイベストメントを発表した投資家は概して株式の保有割合が小さく、しかも同調する投資家も少ない。大口の株主はほとんどの場合、ほかの投資家がダイベストメントをしても、そのままの比率で保有していることが多い。

論文では、企業に働きかける効果的な方法は「売却の代わりにこれらの企業の株式を購入し、代理手続きを通じて、または過半数の株式を取得して上層部の経営陣を交代させることだ」と結論づけている。

エンゲージメントの台頭

化石燃料企業の株式を手放すのではなく、保有して経営者に環境対策を迫る方法はエンゲージメントと呼ばれる。

投資家はダイベストメントを宣言すると、注目を集め、環境への取り組みに熱心だと評価されやすい。これに対し、エンゲージメントは経営者との対話を重視するので手間もかかるうえ、注目を集めにくい傾向がある。

化石燃料企業だという理由で投資対象から外すことが、脱炭素を進めるうえで生産的なのか、という反省から、カナダではむしろ積極的にエンゲージメントを推し進める動きが始まっている。23年5月、投資家主導のイニシアチブ「クライメート・エンゲージメント・カナダ（CEC）」は、化石燃料企業を含む新しいネット・ゼロ・ベンチマークを発表した。

トロント市場に上場している石油・ガス、電力、鉱業などの企業から一定の基準で選び、対象となった企業についてパリ協定の定める目標への進捗具合を評価し公表する。、クライメート・アクション100＋（CA100＋）が開発したベンチマークと連携しながら、カナダ独自の要素も加えた。

参加する投資家に対し、「主要なテーマに関する見解を提供し、カナダ企業と投資家の間の集中的かつ一貫した対話に役立てるのが狙い」という。そして「これはカナダの気候変動移行におけるグーグルマップだ。このルートに沿って進捗状況を厳密に追跡することは、全員が目的地に到達することを確認する方法だ」としている。

排出量の多い企業を切り捨てるのではなく、投資家と一緒に解決への道を模索するエンゲージメントの理想型を示しているようにも見える。

ダイベストメントの限界が指摘され始めた中、エンゲージメントへ関心が徐々に高まっている。「投資家がエネルギー株を所有して、エンゲージメントを志向する兆候が増えている」。米ゴールドマンサックスは23年5月のリポートで、22年に起きたトレンドの変化を指摘した。

22年に世界で化石燃料からのダイベストメントは前年比99%減ったという。前年にはダイベストメントが記録的な年だったのと比べ大きな変化になった。一方で、ＥＳＧファンドは23年1～3月期にエネルギーへの投資を増やしたという。

背景にあるのはエネルギー分野の株価のパフォーマンスが好調だっただけでなく、エンゲージメントへの関心が高まったこともあるとみている。過去2年間で、「エンゲージメントを通じてＥＳＧ目標を達成する株式ファンドは、世界の株式運用資産全体に占める割合を増加させた」と

【図4-4】PFZWの3段階の株主戦略

フェーズ1	炭素削減目標を掲げていない化石エネルギー114社の株式などを売却
↓	
フェーズ2	パリ協定への取り組みを公約しながら、エネルギー転換を十分に進めていなかった78社の株式を売却
↓	
フェーズ3	94社について、23年末までにパリ協定に沿った実行可能なエネルギー転換戦略の策定を要請。持続可能な事業への移行に意欲を示している12社について集中的に対話を継続

いう。

両立を目指す第3の道

ダイベストメントかエンゲージメントかのどちらか一方を選択するのではなく、両方を組み合わせる第3の道が浮上している。

オランダの医療・福祉部門の年金基金Pensioenfonds Zorg en Welzijn（ＰＦＺＷ）の化石燃料を巡る戦略が注目されている【図４－４】。

ＰＦＺＷはまず22年、石油・ガス会社に対し、２年間でフェーズ１、２、３の３段階に分けて化石エネルギープログラムを実行すると通知した。

フェーズ１ではまず炭素削減目標を掲げていない化石エネルギー１１４社の株式などをすべて売却した。

23年のフェーズ２では、パリ協定への取り組みを公約しながら、エネルギー転換を十分に進めていなかった78社の株式などを売却した。

フェーズ3では、依然として投資している94社について、23年末までにパリ協定に沿った実行可能なエネルギー転換戦略の策定を要請した。

策定する戦略には、短期、中期の目標を含み、温暖化ガス排出量の目標について「スコープ1」「スコープ2」「スコープ3」も求めた。そして、23年末までに戦略を策定できない企業は、株式を売却する予定にしている。

注目はダイベストメントとエンゲージメントを組み合わせていることだ。持続可能な事業への移行に意欲を示している12社について、集中的に対話を行っているという。こうした企業は必要な専門知識、資本、規模があるため、持続可能な事業を進めるうえで重要な役割を果たすことができるとみている。

PFZWは「ウクライナ侵略とエネルギー価格の急激な上昇により、急速なエネルギー移行がこれまで以上に重要になってきた。化石エネルギー部門に圧力をかけるという政策を引き続き追求していく」「単に企業の株式を売却するだけでは気候問題の解決に役立たず、株主としての影響力を利用して、化石エネルギー部門がより迅速に低炭素代替エネルギーに移行するよう推進する」としている。

投資先の企業に対し守るべき一定の基準を設定し、それから外れた場合はダイベストメントで対応する。企業が脱炭素戦略に前向きで改善の可能性がある場合はエンゲージメントで対話を進める戦略だ。

こうしたダイベストメントとエンゲージメントの組み合わせが最も効果を上げる方法ではないか、との議論が出ている。

EDHECリスク研究所が設立したScientific Betaは20年5月、リポートで組み合わせのメリットを示した。

「ダイベストメントとエンゲージメントの両方が変化を促進する行動である」としたうえで、「ダイベストメントが変革の力となるのは、ダイベストメント対象企業の資本コストを直接的・間接的に引き上げることに貢献する場合だ。適切に管理・実行されたエンゲージメントは、投資先企業のESGパフォーマンスの向上にも貢献する」と分析した。

そして、「ダイベストメントとエンゲージメントは相互に排他的なものではない。エンゲージメントが失敗した場合に撤退する意思を示すことなく企業と関与する株主は、弱い立場で交渉に臨むことになる。逆に言えば、エンゲージメントはダイベストメントのキャンペーンをより効果的なものにする」と結論づけた。

ダイベストメントとエンゲージメントを組み合わせた方が、それぞれの効果を高めるとみている。

【図4–5】新しい株主戦略の潮流

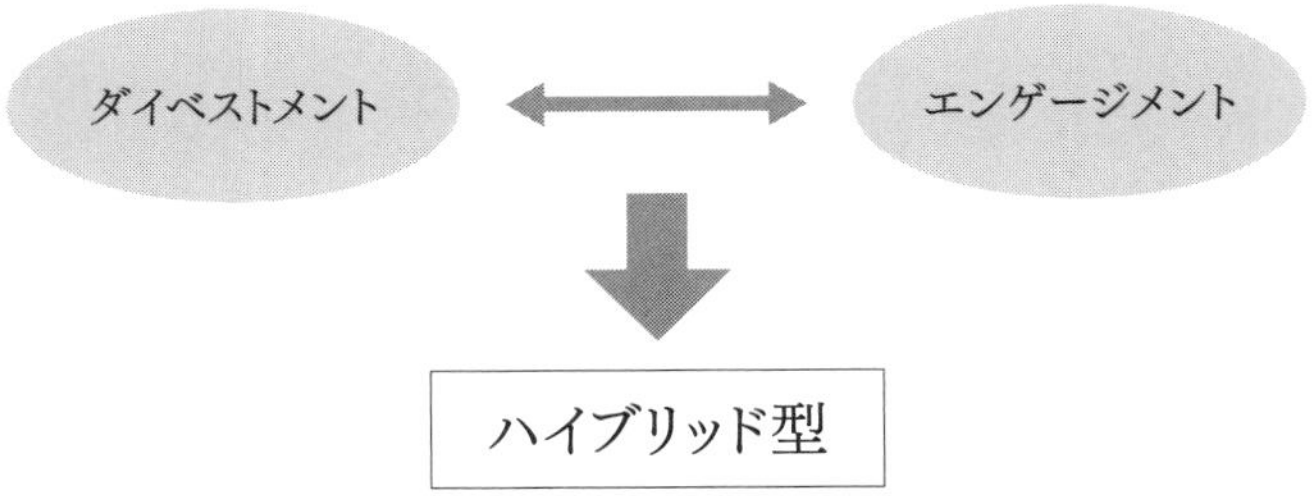

ＰＦＺＷが企業の守るべき基準を提示し、満たさない場合はダイベストメントで排除する一方、エンゲージメントで対話を続ける姿勢も示したのがその典型だろう【図４－５】。

ダイベストメントの源流

ダイベストメントの考え方の１つの源流は、１９６０年代ごろから盛んになった、南アフリカのアパルトヘイト（人種隔離政策）に対する反対運動にあるとされる。全米の主要な大学で南アフリカ企業への投資を中止するよう求めるキャンペーンが展開された。

アフリカの植民地主義に反対する活動を行ったアメリカアフリカ委員会（ＡＣＯＡ）の創設に貢献した、牧師のジョージ・Ｍ・ハウザー氏（故人）の考え方が影響したと言われる。

ハウザー氏は１９６６年、「南アフリカと取引する銀行に抗議する根拠（A RATIONALE FOR THE PROTEST AGANIST

BANKS DOING BUSINESS WITH SOUTH AFRICA)」という文書で、後のダイベストメントにつながる「disengagement（離脱、不参加）」という概念を主張している。

文書では、米国の2つの銀行が南アフリカと取引があるため、個人や法人が口座を解約すべきだとの主張の根拠を次のように述べた。

- 最良の戦略は、離脱ではなく、むしろ可能な限り関与（engagement）することだと主張する人もいる。米国の政策も基本的に関与だが、経済的関与が増大しているにもかかわらず、アパルトヘイトの濫用がより顕著になっている。
- 離脱政策は、南アフリカへの米国の経済関与拡大の傾向を逆転させる。政策には南アフリカへの新規投資を阻止することが含まれる。離脱政策は制裁と同じではない。米国が主導し、主要国と強調する必要がある。

ハウザー氏はアパルトヘイトを止めるのに、エンゲージメントは効果がなく、ダイベストメントこそが有効だとみている。

それから約60年が経過。ダイベストメント至上主義は再び隆盛を迎えるかにみえたが、時代がそのまま逆戻りする可能性は低いのではないだろうか。

反動と反省の後で

金融機関が盛んにダイベストメントを導入したのも「疾風怒濤の21年」の１つの現象だ。ダイベストメントこそが脱炭素時代の正しい戦略だという風潮があった。その後、ＥＳＧ投資や金融商品と同様に、「反動と反省の22年」がやってきた。

その中では、ダイベストメントが資源会社に与える影響や、地球環境への効果を冷静に見極める動きが出てきた。資源会社の経営や株価に大きなインパクトを与えないとの分析や、温暖化ガス排出量に変化がないといった分析が示されるにつれ、限界があるのではないかという見方も浮上した。

ダイベストメントの考え方を進化させ、エンゲージメントと組み合わせることで、より効果的になるとの新しい考え方もあり、実際にそれを実践する年金基金も出てきた。

「反動と反省の22年」は株主の戦略を進化させる効果があったという点では、前向きな再出発を後押しする時期だったのかもしれない。

第5章

ESGで政治が分断される米国

環境投資のジレンマ
反ESGの流れはどこに向かうのか

州政府が強める反ＥＳＧ

環境対策への取り組みが加速した「疾風怒濤の21年」と、その後の「反動と反省の22年」は、米国の政治の世界でも起きた。環境への取り組みを政策の柱の１つにした民主党のバイデン政権が２０２１年に発足した後、22年から共和党の州を中心に一気に反ＥＳＧの動きが強まった。

ＥＳＧ投資の効果や影響の分析は経済的な観点から行うべきだと考えられている。ところが、政治的な要素が入り始めたことで、状況が複雑になった。州政府では、ＥＳＧ投資が温暖化ガスの排出量にどう影響するかに焦点が当たらず、最初から、ＥＳＧ投資は是か非かというところから出発している。

22年からの反ＥＳＧ投資の動きはドミノ倒しのように起きた。フロリダ州、アーカンソー州、インディアナ州など共和党の知事の州が、相次ぎ公金や州年金基金の運用でＥＳＧ投資を排除する「反ＥＳＧ法」の採択に動いた【図５－１】。中でも、23年５月にフロリダ州が制定した反ＥＳＧ法はその厳格さから注目を集めている。基本的な考え方は次の通り。

- フロリダ州の資金に関するすべての投資決定は「金銭的要因のみ」に基づいて行われる。

【図5-1】米国の反ESGの主な動き

注：ケンタッキー州、カンザス州、ルイジアナ州の知事は民主党

ＥＳＧの要素を考慮して公金の運用先を決めることや、州の年金基金の運用でリターンより
ＥＳＧの要素を重視することを排除する。

- 委任状による議決権行使のような株主の権利は、金銭的要因に基づいてのみ行使する。非金銭的要因を促進するために追加的な投資リスクは取らない。退職年金基金に対し、ガバナンス方針、議決権行使の決定などについて、知事、州議会への年次報告を義務付ける。
- グリーンボンドなどＥＳＧ債の発行を認めない。ＥＳＧ格付けが債券格付けに直接マイナスの影響を与える格付け機関と契約を結ぶことも禁止する。

法律の専門家は「米国の反ＥＳＧ運動の新たな旗手となる可能性がある」とみている。「アーカンソー州やモンタナ州で署名された法律は、ＥＳＧの考慮事項が金銭的なものである可能性を認めているが、それに比べて厳格だ」という。

フロリダ州の法律は、投資の世界で21年ごろから強まったＥＳＧ投資の考え方を根底から覆し、一気に時計の針を戻すかのようだ。

主導するフロリダ州

フロリダ州で反ＥＳＧの政策を実施しているのは、米国で「ミニ・トランプ」と呼ばれ、24年

フロリダ州のデサンティス知事は反ESGの急先鋒だ（AP／アフロ）

の大統領選では共和党の有力候補の1人、ロン・デサンティス知事だ。

そのデサンティス知事は全米の「反ＥＳＧ」の強力なリーダーでもある。基本的な考え方は、22年7月に発表した「米国経済の活力と経済的自由を脅かすＥＳＧ運動からフロリダ市民を守るための立法・行政措置」についての説明に象徴的にみられる。

ＥＳＧを排除することはフロリダ市民を「金融詐欺」から守る取り組みだと激しい言葉を使い、「ウォール街の銀行から大規模な資産運用会社、大手テクノロジー企業に至るまで、企業エリートたちが経済力を利用して、投票所で達成できなかった政策を国に押しつけるのを見てきた。私が発表した行動を通じて、私たちはフロリダの住民を守る」と強い決意を表明した。

具体的には、銀行、クレジットカード会社、送金業者が宗教的、政治的、社会的信条を理由に顧客を差別することを禁止、州の資金を運用する際にESG要因を考慮することを禁止、などを掲げた。

23年3月にはデサンティス知事が主導し、反ESGの「19州連合」を結成、投資におけるESG要素の排除を狙った公開書簡に署名した。「ESGの普及は、米国経済、個人の経済的自由、そして私たちの生活様式に対する直接の脅威である」としている。

こうした運動が共和党の州を中心に法制定の連鎖につながっていった。温暖化ガス排出量を減らすには何が効果的かといった議論を飛び越え、ESG投資に反対という一点を前面に突き進んでいる。

州政府の反ESG法に3つの類型

反ESG法は基本的な理念は同じでも、いくつかの異なる特徴がある。米法律事務所モルガン・ルイスは3つのタイプに分類している。

1つ目が「ボイコット法案」だ。化石燃料へのダイベストメントを表明するなど、ボイコットしている金融機関を特定し、その企業との契約を拒否する。いわばダイベストメントに対抗する「逆ダイベストメント」だ。

ウエストバージニア州が22年7月、5つの主要金融機関を「制限金融機関リスト」に載せたのがその例だ。制限する金融機関について、①競争入札プロセスやその他の公的な選定プロセスから排除する②銀行契約締結を拒否する③銀行契約の条件として金融機関が契約期間中、エネルギー企業のボイコットを行わないという合意を求める、の3つを掲げた。

2つ目が「非ESG投資法案」だ。ESGや社会投資を目的とした投資などを禁止する。州の年金運用などでESGの要素を排除し、純粋にリターンを追求することを求める。

3つ目が比較的新しい動きとして注目される「ESGを基準にした差別の禁止」だ。公的機関がESGスコアやその他のスコアに基づいて個人や他の企業を「差別」することを禁止するものだ。例えば政府機関がESGスコアに基づいて金融機関を選び、契約を締結することを禁止する。

ESGスコアは世界の格付会社が独自の基準で温暖化ガス排出量や環境汚染、ガバナンスへの取り組みを採点したもの。アーカンソー、ミズーリ、テキサスの3つの州の法案に「ESG差別の禁止」が含まれているという。

ESGスコアについてはフロリダ州のデサンティス知事が22年7月の方針でも表明している。「ESGスコア指標に基づく大手金融機関による差別的行為を禁止する。ESGスコアは、企業にESG基準を満たすことを強制するために作成されたフレームワークである」としている。

これらの措置のなかで運用会社に強烈なメッセージを発することになる「逆ダイベストメント」は連鎖的に広まっている。金融機関がダイベストメントを導入するなら、州政府は公金の運用などからその金融機関をダイベストメントするという報復的な措置だ。

22年12月、フロリダ州はブラックロックが管理する資産20億ドル相当を引き揚げると発表した。理由は「収益を上げること以外の目標があると公言しているからだ」としている。ルイジアナ州は7億9400万ドル、ミズーリ州は5億ドル引き揚げており、連鎖している。23年1月にはケンタッキー州が、エネルギー会社をボイコットしていることへの対抗として、ブラックロックやシティグループなど取引を制限する11の金融機関のリストを発表した。

各州から批判を受けたブラックロックは、司法長官から送られた書簡に対する反論で、次のように考えを表明している。

- パリ協定が2050年までに予定通り完全に実施されると想定しているわけではないが、低炭素経済への移行には投資リスクと機会がある。
- 顧客が関心を持つテーマについて、ESG関連のイニシアチブなどに参加することは受託者としての義務に一致している。外部の団体や組織と協調して議決権行使や投資決定を行うことはない。
- エネルギー企業やその他のセクター、業界をボイコットすることはない。公開エネルギー企業への最大の投資家の一人であり、世界全体でこれらの企業に数千億ドルを投資している。

運用会社に対し書簡で批判

「反ESG」を掲げる共和党出身の議員を中心に、運用会社に書簡を出し、直接批判する動きも22年以降、強まった。

22年7月、共和党のトム・コットン上院議員（アーカンソー州）が米大手運用会社ブラックロックのラリー・フィンク会長兼最高経営責任者（CEO）に石油・ガス掘削についての考えを尋ねる書簡を送った【図5－2】。

「(原油の)掘削への反対を強制することは国の安全保障を脅かし、ガソリンの購入に苦労している米国民に損害を与える」

コットン議員がとくに問題視したのは、ブラックロックが参加している、17年に立ち上がったPRI（国連責任投資原則）や、運用機関などによるイニシアチブ「Climate Action 100＋(CA100＋)」との関わりについてだ。CA100＋は運用機関が連携してパリ協定の目標達成を目指す。

「地球温暖化ガス排出企業に対して必要な行動を取るよう圧力をかけるもので、例えば、石油会

【図5-2】反ESGを巡る2022年からの主な動き

2022年7月	フロリダ州「米国経済の活力と経済的自由を脅かすESG運動からフロリダ市民を守るための立法・行政措置」
7月	共和党のトム・コットン上院議員（アーカンソー州）が米ブラックロックのラリー・フィンクCEOに石油・ガス掘削についての考えを尋ねる書簡
7月	ウエストバージニア州が5つの主要金融機関を「制限金融機関リスト」に載せる
11月	5人の上院議員が全米の51の主要な法律事務所に書簡を送り、反トラスト法違反と主張した
12月	テキサス州など共和党知事の州の司法長官13人が、世界的な投資家の米バンガードが申請した電力会社の株式取得に異議
12月	フロリダ州がブラックロックが管理する資産20億ドル相当を引き揚げると発表
12月	共和党の議員が「CA100＋」の委員に対し直接書簡を送付
2023年1月	ケンタッキー州が、ブラックロックやシティグループなど取引を制限する11の金融機関のリストを発表
3月	フロリダ州のデサンティス知事が主導し、反ESGの「19州連合」
5月	フロリダ州が反ESG法を制定
5月	共和党のテキサス州など23州の司法長官が、世界の保険会社で構成する「ネットゼロ保険同盟（NZIA）」に書簡を送付
7月	米下院司法委員会がアセットマネジャーに、反トラスト法に違反の論拠を詳細に示した書簡を送付

社に石油の掘削量を減らすよう圧力をかけるものだ」「CA100＋の参加者は他の投資家と協力することで、気候変動カルテルのように行動している」と批判した。

共和党の批判の特徴の1つは、こうしたCA100＋のような、世界の金融機関、運用会社、保険会社による環境イニシアチブに、根源的な問題があるとみていることだ。

22年12月には、CA100＋の委員に対しても、共和党の議員が直接書簡を送っている。「石炭、石油、ガスへの投資を制限する銀行、資産運用会社、CA100＋の連携した取り組みは、世界中でエネルギーコストを押し上げ、反トラスト法に違反する」。反トラスト法は一般的に、競争する者同士の協力を疑うもので、その中には「ESG目標に関する協力も含まれる」としている。

電力株を取得することへの批判

環境イニシアチブへの参加を根拠にした、運用会社への追及はあらゆる角度から行われている。「温暖化ガス排出量ゼロを目指すバンガードは電力株取得にふさわしくない」。22年12月、テキサスなどの州の司法長官13人が、世界的な投資家の米バンガードが申請した電力会社の株式取得に「待った」をかけた。

投資家が電力株を取得するに当たっては、連邦エネルギー規制委員会（ＦＥＲＣ）に定期的に認可申請をする。

司法長官はバンガードの申請に対し、バンガードが電力株を取得して、電力会社に温暖化ガス排出量の削減を求めるようになると「間違いなくエネルギー供給のコストと信頼性に影響を与える」と主張した。

バンガードに対する司法長官の「異議」は2つの問題を取り上げた。

1つはバンガードが参加している「ネット・ゼロ・アセット・マネジャーズ・イニシアチブ（ＮＺＡＭＩ）」との関係だ。

ＮＺＡＭＩはパリ協定の目標に沿って、50年までに投資先企業の温暖化ガス排出量を実質ゼロにすることを目指す、世界の運用会社によるイニシアチブ。20年12月、30の資産運用会社で発足した。バンガードは21年3月に参加した。その後、急速に参加企業が増え、日本の運用会社も参加している。

司法長官は、バンガードがＮＺＡＭＩに参加していることは電力会社の株式を取得する条件を満たしていないと主張した。

この主張が認められると、ＮＺＡＭＩに参加するほかの投資家も電力株の取得を制限されることにつながりかねないだけに注目を集めた。

電力株を巡る問題はさらに追及が続いた。23年5月、米下院監督・説明責任委員会でも取り上げられた。ユタ州の司法長官は声明で「連邦エネルギー規制委員会がCA100+やNZAMIに関与しているアセットマネジャーに、公益事業取引に関する認可を与えたことは問題だ。消費者への費用対効果の高い電力供給を害するのに多大な権力を行使しているためだ」などと述べた。

パッシブ運用に打撃

司法長官の「異議」が提起したもう1つの問題がパッシブ運用との関係だ。バンガードの運用の大半は、様々な株価指数などベンチマークに連動するパッシブ型だ。

司法長官は「温暖化ガス排出量の実質ゼロへのコミットメントにより、バンガードは必然的に公益事業へのパッシブ投資家としての地位を放棄している」と主張した。

バンガードはFERCへの申請で、株式の所有はパッシブ運用の一環で公益事業の経営には関与しないことを表明しているが、「公益事業を管理する試みとなりうる活動をすでに実施していることを示唆している」としている。つまり、NZAMIへの参加によって、一定の方針を持って運用するアクティブ型と変わりがないという見立てだ。

株価指数に連動するパッシブ運用では、ハイテク株、医薬品株から化石燃料株まで、指数に含まれる大量の銘柄を買う必要がある。

バンガードはこのパッシブ運用の一環として電力株を買うとしても、一方で温暖化ガス排出量の削減を目指しているのだから、電力会社の経営に関与することにならないか、と司法長官は主張している。

バンガードにとって厳しいのは、仮に司法長官の指摘を受けてFERCから電力株の取得を認められなかった場合、電力株だけ抜け落ちることになり、バンガードが目指す株価指数への連動ができなくなり、パッシブ運用が成り立たなくなる可能性があることだ。

バンガードは司法長官の抗議を受けて、直後にNZAMIからの離脱を発表した。「インデックスファンド（パッシブ運用）の役割と、気候関連リスクを含む重要リスクに対する我々の考え方を明確にするため」としている。

この問題は運用の世界に大きな波紋を投げかけた。

NZAMIのように連帯して環境対策に取り組むイニシアチブに参加すると、電力株を取得できなくなる可能性があるなら、投資家はほかの世界のイニシアチブへの参加にも慎重にならないだろうか、ましてやパッシブ運用をしている投信会社などは、電力株だけ抜け落ちるわけにはいかないから、環境対策のための世界のイニシアチブから離脱する動きを加速しないか。

【図5–3】反ESG派が問題視する環境イニシアチブ

Climate Action 100+（CA100＋）	地球温暖化ガス排出企業が必要な対策を取ることを求める投資家主導の世界的な協働イニシアチブ。2017年12月に発足した。アジェンダでは①気候変動リスクに関する取締役会の説明責任と監督を明確に示す強力なガバナンス・フレームワークの構築、②パリ協定の目標に合わせ、バリューチェーン全体で排出量削減に向けた行動をとる、③企業の情報開示を強化する、ことを掲げている
ネット・ゼロ・アセット・マネジャーズ・イニシアチブ（NZAMI）	2050年かそれより早い時期に地球温暖化ガス排出量を実質ゼロにする目標を支援することを目指す資産運用会社のイニシアチブ。2020年12月に発足した。署名は315を超え、合計の運用資産額は59兆ドル（2023年6月末時点）
ネットゼロ保険同盟（NZIA）	2050年までに地球温暖化ガス排出量の実質ゼロ実現に向けて保険引受ポートフォリオの移行を推進する国際的イニシアティブ

さらに、イニシアチブへの参加が投資家の運用方針を判断する、いわば踏み絵として利用されるのではないか、こうした連鎖が投資の世界の環境対策への取り組みを遅らせるのではないか。こうした様々な懸念が渦巻くこととなった。

保険のイニシアチブにも批判

環境イニシアチブについては共和党は保険会社にも矛先を向けた【図5－3】。

この問題では、一方の民主党はまったく逆の立場だ。保険会社と化石燃料企業の関わりを問題視し、厳しく追及している。民主党の上院議員は23年6月、気候問題について保険会社の取り組みの調査に乗り出した。米国の保険業界が気候をどのように評価しているかについて調べ始めた。大手保険会社への書簡で「保険業界は、化石燃料プロジェクトを支援し続けており、制限はほとんどない。どうして化石燃料プロジェクトの引受と投資を支援しているのか」と問いかけた。

これに対し、同じ頃、共和党のテキサス州など23州の司法長官は、温暖化ガス排出削減を目指す世界の保険会社で構成する「ネットゼロ保険同盟（ＮＺＩＡ）」に書簡を送っている。「気候変動アジェンダを推進するために他の保険会社や資産所有者と協力するという、あなた方のコミットメントの合法性に懸念を抱いている。保険会社やその顧客に排出量の急速な削減を強制しようとする動きは、保険料の値上げだけでなく、ガソリン価格の高騰や商品・サービスのコスト上昇を招き、その結果、記録的なインフレが発生し、市民は財政難に陥っている」

保険会社が連帯して実質ゼロエミッションに取り組むことは「反トラスト法違反だ」として法的な観点から問題を問いかけた。

こうした働きかけも影響して、世界の保険会社は相次ぎＮＺＩＡからの離脱を表明した。ミュンヘン再保険、チューリッヒ保険グループ、そしてハノーバー再保険、英ロイズと、世界の主要な保険会社が軒並み脱退した。日本の損害保険会社でも東京海上ホールディングス、ＭＳ＆ＡＤインシュアランスグループホールディングス、ＳＯＭＰＯホールディングスが脱退した。

このうちミュンヘン再保険は反トラスト法違反の批判が影響したことを認めている。「反トラスト法の重大なリスクにさらされることなく、世界中の保険会社が集団的なアプローチで脱炭素化の目標を追求する機会は非常に限られている。地球温暖化防止の野心を個々に追求する方がより効果的であると考えている」としている。

大手保険会社は米国でのビジネスの規模が大きく、NZIAへの参加を理由に排除されるのであれば、脱退を選ぶのは自然な流れかもしれない。

NZIAのような連携は、企業が単独で行うことが難しい、温暖化ガス排出量を実質ゼロにする挑戦に、共通の目標を立てて取り組むことに意義があった。ところが、1社また1社と抜け落ちると存在意義が小さくなる。

「加盟企業はネットゼロへの歩みを独立して決定する」「今後、NZIA加盟企業には目標を設定したり公表したりする義務はない」

23年7月、NZIAが方向転換した。共通の目標を設定して取り組むことへの批判を考慮した結果とみられる。

「加盟企業は設定した目標、進捗状況について責任を負い説明することになる」としており、今後は各社が個別に取り組むことになった。当初の目的からは大きな後退と受け止められた。

ESGを巡る争いは法廷闘争にもなっている。23年5月、ニューヨーク市の3つの年金基金が、約40億ドルの化石燃料資産を売却したことを巡って、受託者義務に違反しているとの疑いで告訴された。

基金が化石燃料に関連した投資からの売却を決定したことについて、原告は「気候変動に対処するための見当違いで効果のない行動」であると主張した。「受託者責任とまったく矛盾しており、加入者と受益者の退職後の保障を危険にさらすものだ」としている。

これに対し、ニューヨーク市の3つの年金基金は23年8月、「ダイベストメントの決定に対する訴訟は法的根拠がない」として却下を求める申し立てを行った。「訴訟は時間の無駄」としている。

反トラスト法違反の論拠とは

共和党の議員や州知事などが反ＥＳＧを展開する論拠の1つは「反トラスト法に違反している」という法律論だ。ＣＡ１００＋にしても、ＮＺＡＭＩにしても、ライバル関係にある企業同士が温暖化ガス排出量について共通の目標を掲げ、ダイベストメントのような同じ行動を取ることが違法ではないかと指摘している【図５－４】。

22年11月、５人の上院議員が全米の51の主要な法律事務所に送った書簡に、反トラスト法違反を前面に押し立てた主張が明確に記されている。

【図5-4】反ESG派の主な主張

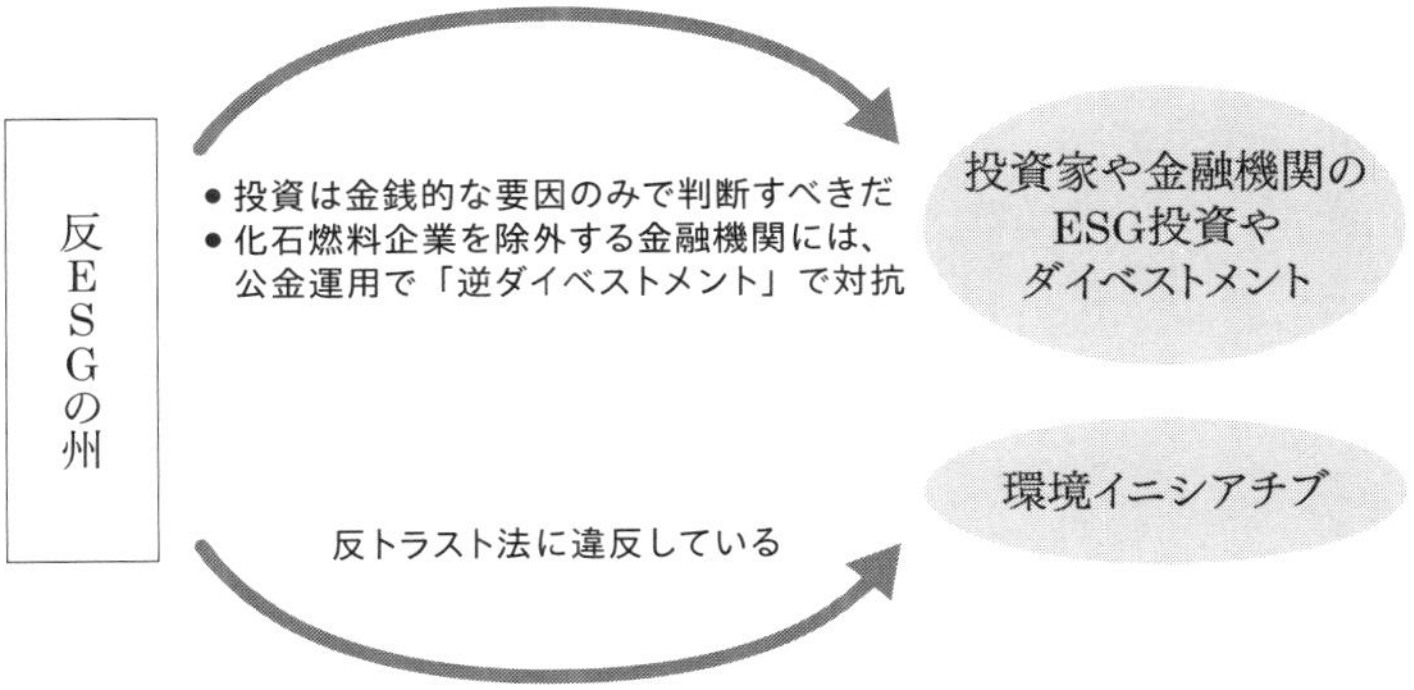
反ESGの州
● 投資は金銭的な要因のみで判断すべきだ
● 化石燃料企業を除外する金融機関には、公金運用で「逆ダイベストメント」で対抗
投資家や金融機関のESG投資やダイベストメント
反トラスト法に違反している
環境イニシアチブ

「あなたの法律事務所は気候カルテルに参加することで被るリスクを、クライアントに十分に知らせる義務がある」。

書簡では、米連邦取引委員会（ＦＴＣ）の委員が議会公聴会で行った発言を引用して、「ＥＳＧに対する反トラスト法の適用除外などない」「（ＥＳＧの集団的なイニシアチブについて）そのような協力や取り組みは、競争に影響を与える可能性がある限り、常にＦＴＣに関連している」と述べた。

そのうえで、議会は今後、何カ月も何年も、ＥＳＧの名の下に行われる反トラスト法違反を精査するため監督権限を行使し、ＦＴＣと司法省に通報すると述べた。

23年3月、共和党の州を中心に司法長官が全米のアセットマネジャーに送った書簡も反トラスト法違反を前面に出している。

「多くの資産運用会社は、反トラスト法の遵守に疑問を投げかけるようなコミットメントを行っている」

ＣＡ１００＋やＮＺＡＭＩなど、世界的な環境イニシアチブに資産運用会社が参加することで生じる違法な協調を監視するとしている。

さらに、23年7月、米下院司法委員会がアセットマネジャーに送った書簡では、反トラスト法に違反していると主張する論拠を詳細に示した。

「２０５０年までに脱炭素化し、排出量を実質ゼロにするという協定を結ぶには、石炭、石油、ガスの使用を大幅に削減する必要がある。そのためには、２０３５年までに新車販売を停止し、２０４０年までにすべての石炭・石油発電所を段階的に廃止するといった急進的な措置が必要となる。新たな油田やガス田を開発せず、これらの産業への投資を抑制することも意味する。このような制限は生産量を制限し、価格を上昇させ、企業から投資を、消費者から選択肢を奪う」

そのうえで「談合は競争と消費者に害を及ぼし、反トラスト法に違反する。水平的な生産制限はそれ自体違法であるが、禁止される行為の種類は価格規制や生産制限に限定されない。むしろ、被害者が市場の選択肢の中から自由に選択することを妨げる強制的な行為は、本質的に競争条件を破壊するものであり、非難されるべきものである。このことは、価格への影響の有無にかかわらず当てはまる。なぜなら、目先のコストだけでなく、品質、サービス、安全性、耐久性などすべての要素が対象となるからだ」と述べた。

反トラスト法違反には批判も

運用会社がＣＡ１００＋やＮＺＡＭＩに参加して、投資することが米国の反トラスト法に違反するかどうか、専門家や関係者の間で判断が固まったわけではない。

ＥＳＧを推進する主に民主党の17州の司法長官は22年11月、上院議員に宛てた書簡で、反トラスト法違反の判断に異論を唱えた。

書簡ではまずＥＳＧ投資についてこう評価している。「リターンを最大化する投資戦略の一環としてＥＳＧ要素を考慮する公的年金基金やその投資マネジャーは、モラルや倫理の問題としてそうしているのではなく、ＥＳＧ基準を用いることが投資家の最善の利益につながるからだ」「ＥＳＧ指標を考慮することは、公的年金基金が受益者のために最良のリターンを提供するという受託者責任を果たすのに役立つ」

そのうえで、ＮＺＡＭＩへの参加について、イニシアチブが「特定の顧客を避けたり、特定のエネルギー資源への投資を抑制したりするよう指示しているようには見えない」「ファンドマネジャーが顧客の好みに合わせて従う（あるいは従わない）ことを選択できるよう、単に広範な推奨を行っているにすぎない」とした。

「反トラスト法は有意義な選択肢を提供するための競争を保護している」として、法律違反には当たらないと反論した。

米コロンビア大学の上級研究員らが23年7月に発表した論文も、反トラスト法に抵触するという議論に疑問を呈している。

まず、NZAMIやNZIAなどのイニシアチブの連合体である、GFANZのような連帯が共通の行動を取っていると共和党が批判していることについて述べた。「参加企業は気候目標を設定し実行するため、自発的かつ独立して行動することを明確にしている。業界団体による情報共有、基準設定、その他の協力活動（目標設定を含む）は、米国の反トラスト法の下で長い間許容されてきた」とした。

さらに、特定の競合他社を市場から排除するためにボイコットした場合には反競争的とみなされるが、「GFANZに参加する金融機関は、会員企業が融資または保険を提供する企業と競合しないため、反競争的行為に関する法的議論を構成するのは難しい」としている。

金融機関がそろって石油・ガス会社への投資や融資をやめることについて、「市場原理の結果であれば合法とみなされる可能性がある。金融機関が、業界への投資に伴うリスクが大きすぎると考えて、石油・ガス会社との取引をやめる決断をした場合、共謀とはみなされない」と指摘した。

ESG投資を巡って21年と22年で風向きが逆転したように、米国では地域によって逆風が吹いている。しかも、専門家によって意見の分かれる法解釈のもとでは混迷が深まる可能性がある。

反ESG法に「矛盾」の指摘も

共和党の州政府が中心となって進める反ESG法にも、問題点を指摘する声が出始めている。反ESG法の根幹である「投資の目的を金銭的要因に限る」という部分について、米ボストン大学の教授らは23年2月の論文で「金銭的と非金銭的の区分が曖昧で矛盾がある」と指摘した。

環境に関する情報を「非金銭的」と扱うことが妥当かどうかについて、例えば、気候変動のような問題は基本的に経済問題であり、企業が行動を起こしたことで価値が向上したと公表した場合、「年金受託者がその情報を無視することが求められるだろうか」と疑問を呈する。

さらに論文では、各州の反ESG法が規定する「重要性」という概念が、連邦法と矛盾する可能性があり混乱するとして、次のような矛盾点を指摘した。

連邦法では投資家への情報開示義務がある場合、企業はすべての「重要」な情報を開示しなければならない。米証券取引委員会（SEC）の規制でも、気候変動に関連する情報が「重要」であるとみなされる可能性がある。ところが、反ESG法で「重要」な情報とは「既存または将来の投資の財務収益と財務リスク、および有価証券に付随する権利」のみを指すと定義しており、

「環境的、社会的、政治的、イデオロギー的、またはその他の目標や目的の推進」は除外しているという。

では、年金受託者がＳＥＣに提出された環境に関する情報を元に投資先を変更した場合や、年金で50年後に現実化する可能性のあるリスクの証拠を受託者が検討することは違法なのか、と問題点を指摘している。

反ＥＳＧ法がもたらすコスト高

経済的な合理性に基づいて、ＥＳＧ投資の是非を判断するのとは違うため、ひずみが生じている可能性がある。州政府が、ＥＳＧを重視した投資やダイベストメントの実施を理由に、有力な金融機関を公的なビジネスから除外することの副作用が懸念されている。

オクラホマ州では実際にコスト負担が増えたようだ。地元紙によると、23年4月、州内の市議会が１３５０万ドルのプロジェクトのため、最も低い金利を提供するバンク・オブ・アメリカからの借り入れを可決した。しかし、その直後、オクラホマ州がバンク・オブ・アメリカを取引のできない金融機関に指定したため、別の金融機関を探した。その次に有利な条件の貸し手の金利は０・７％高く、１２０万ドル近くの追加費用がかかることになったという。

ペンシルベニア大学のガレット氏とシカゴ連銀のイワノフ氏が23年1月に発表した論文は、テキサス州が地方債を発行する際のコストへの影響を分析した。

テキサス州は21年、ＥＳＧの方針を掲げる金融機関と契約を結ばない法律を制定し、有力金融機関5社が地方債の引き受け業務から撤退することになった。

その結果、「不確実性と借り入れコストの上昇に直面した」と指摘する。「引き受ける金融機関の減少で競争が減ったこと」が原因とみられる。法律施行後8カ月間で「3億～5億ドルの追加利息を負担することになった」と分析している。

政策コンサルティング会社イーコンサルト・ソリューションズはテキサス州の事例をもとに、ケンタッキー、フロリダなど6州の地方債発行コストを分析した。それによると、「合計で2億6４００万～7億８００万ドルのコスト増加になる」とみている。

特定の金融機関を排除することによるコスト高は当然の帰結だろう。州政府が排除したのはシティグループ、ＪＰモルガン・チェース、ゴールドマン・サックス、バンク・オブ・アメリカといった世界的なプレーヤーだ。取引している投資家の数も圧倒的に多いから、こうした金融機関が地方債の引き受けから撤退してしまうと、州政府の発行コストに跳ね返るのは避けられない。

反ＥＳＧに冷静な見方も

共和党の州が主導する反ＥＳＧ法の連鎖は一見すると全米に猛烈な勢いで拡大しているように見えるが、実際には限定的ではないかという見方が出ている。

Pleiades Strategy の調査では州議会で否決されている法案も案外多い。23年6月時点で全米37州の共和党の議員から反ＥＳＧに関連した法案が１６５本提出された。ところが、23州で83の法案が廃案になった。法律が成立しなかった10州は共和党が支配している。アリゾナ州では３つの法案が知事によって拒否権を行使されたという。

反ＥＳＧ法案は実際には半分が廃案になっており、中には共和党の州でも反対にあっている。「ビジネス界、退職者、労働者から大規模な反発を引き起こした」（Pleiades Strategy）のが原因とみられる。

ＥＳＧ投資の是非を政治が判断すると、市場原理に基づく投資や融資をゆがめる可能性があるとの反省は確実に広まっている。金融機関の競争によって貸出金利や手数料が決まっているのに、特定の金融機関を排除してしまうと競争原理がうまく働かなくなる。その結果、住民の負担が増えてしまうと、いったい誰のための反ＥＳＧ法なのかという反発が起きている。

環境対策を進める民主党の州

全米を見てみると、環境配慮を重視する民主党の州政府の中には、共和党とはまったく逆の政策を取っている州があることも見逃せない。

23年9月、カリフォルニア州司法長官は、石油・ガス会社5社（エクソン・モービル、シェル、シェブロン、コノコフィリップス、BP）に対し、「数十年にわたる石油・ガス関連の不正行為に関与した」疑いでカリフォルニア州の裁判所に訴訟を起こすと発表した。

「少なくとも1960年代から化石燃料の燃焼が地球を温暖化し、気候を変えることを知っていたにもかかわらず、公式声明やマーケティングにおいて気候変動を否定または軽視していた」と主張している。カリフォルニア州は気候変動が引き起こした被害に対処するため数百億ドルを費やし、今後数年でその何倍もの資金を支出する必要があるとして、気候変動の緩和と適応への取り組みに資金を提供する基金の創設を求めている。

ギャビン・ニューサム州知事は「大手石油会社は50年以上にわたり、私たちに嘘をつき続けてきた。自社が生産する化石燃料が地球にとっていかに危険であるかを以前から知っていたという事実を隠蔽してきた」と語った。

さらにカリフォルニア州で23年9月、「ＳＢ２５３」「ＳＢ２６１」という２つの重要法案が議会を通過した。「ＳＢ２５３」は年間売上高が10億ドルを超える企業に対し、直接、間接、およびサプライチェーンの地球温暖化ガス排出量を公表し、独立した第三者プロバイダーによって検証された年次報告書を提出することを義務付ける。

「ＳＢ２６１」は年間売上高５億ドルを超える企業に対し、気候関連の財務リスクと、そのリスクを軽減し適応するために採用した対策を開示する隔年報告書を作成することを義務付ける。最初の報告書の提出期限は26年１月１日までとなっている。カリフォルニア州で活動する多くの非上場企業が対象となるとみられ、影響が注目されている。

カリフォルニア州のこうした姿勢は、反ＥＳＧの先頭に立ち始めたフロリダ州とはまったく逆だ。一方は環境を重視して資源企業の責任を問い、企業に対し環境関連の開示を義務づけようとしている。もう一方は投資家や金融機関のＥＳＧへの取り組みの価値を認めず、むしろ排除しようとしている。

共和党の州政府が反ＥＳＧの動きを強める中でも、バイデン政権は環境対策を進める方針を着実に進めている。23年9月、米財務省は金融機関や運用会社向けに、実質ゼロエミッションに関する９つの原則を発表した。それによると、「実質ゼロ」の約束は、世界の平均気温上昇を１・５度に抑えるという目標と一致しなければならず、「信頼できる」指標と目標に裏付けられたものでなければならないとしている。

さらに、暫定的な目標は2030年かそれ以前に設定し、その後は2050年かそれ以前の最終目標まで5年以内の間隔で設定することを求めた。顧客やポートフォリオ企業に関連するすべての融資、投資、アドバイザリーサービスをカバーする目標を達成するよう努力することも求めた。すなわち、金融機関や運用会社に対し、顧客や投資先について、環境への取り組みを評価するよう求めており、民主党の州政府が反対しているESG投資の考え方の推進を意味する。

ESGを巡りバイデン政権の誕生で始まった「疾風怒濤の21年」と、主に共和党の州政府で起きている「反動と反省の22年」。今後の展開が見えにくいのは、共和党と民主党は初めから反ESG派、ESG派に分断していて、地球温暖化ガス排出量にどちらが効果的かといった経済的な視点での議論が起きていないためだ。

つまり、州政府も含め政権が交代した場合にだけ、反ESGとESGが入れ替わる可能性が高い。環境問題は日々状況が変化し、深刻化していく中にあって、政策決定が硬直化しているのが現状だ。

2050年に目指す地球温暖化ガス排出量の実質ゼロの達成に向けてカウントダウンに入っている。そのさなかに、いまだに反ESGとESGの間で決着が付いていない。政治の分断は、投資の分野や金融商品で起きた「反動と反省の22年」より影響が大きく、深刻かもしれない。

第6章

環境の評価、適正化への模索

環境投資のジレンマ
反ESGの流れはどこに向かうのか

ＥＳＧ投資や環境関連の金融商品が逆風にさらされ、賛否両論がある中、改革への動きが始まったのと同じように、環境対策を支える様々な仕組みも変革の時を迎えた。欧米市場でカーボンオフセットという仕組みや環境格付けはとくに注目されている。

期待の高かったカーボンオフセット

環境対策を進めようとする企業は、工場の温暖化ガス排出量を減らし、使う電力を再生可能エネルギーに切り替えることを考える。そして一方で、排出量を減らしたのと同じ効果を認められるカーボンオフセットも活用している。

２０２２年12月、米独立系エネルギー会社ヘスは、南米のガイアナ政府からカーボンクレジットを10年間、最低7億５０００万ドルで購入すると発表した。

ガイアナが進めるアマゾン熱帯雨林の保護プロジェクトを支援し、見返りに「クレジット」を手に入れ、自社が排出している二酸化炭素の量と相殺する。ヘスは50年までにスコープ１とスコープ２の温暖化ガス排出量の実質ゼロを目標に掲げており、クレジットの取得を活用する。

ヘスは「ガイアナは世界で最も森林の多い国の一つだ。ガイアナが国の森林を保護するために長年取り組んできた努力を賞賛する」と述べた。

【図6‒1】カーボンオフセットの仕組み

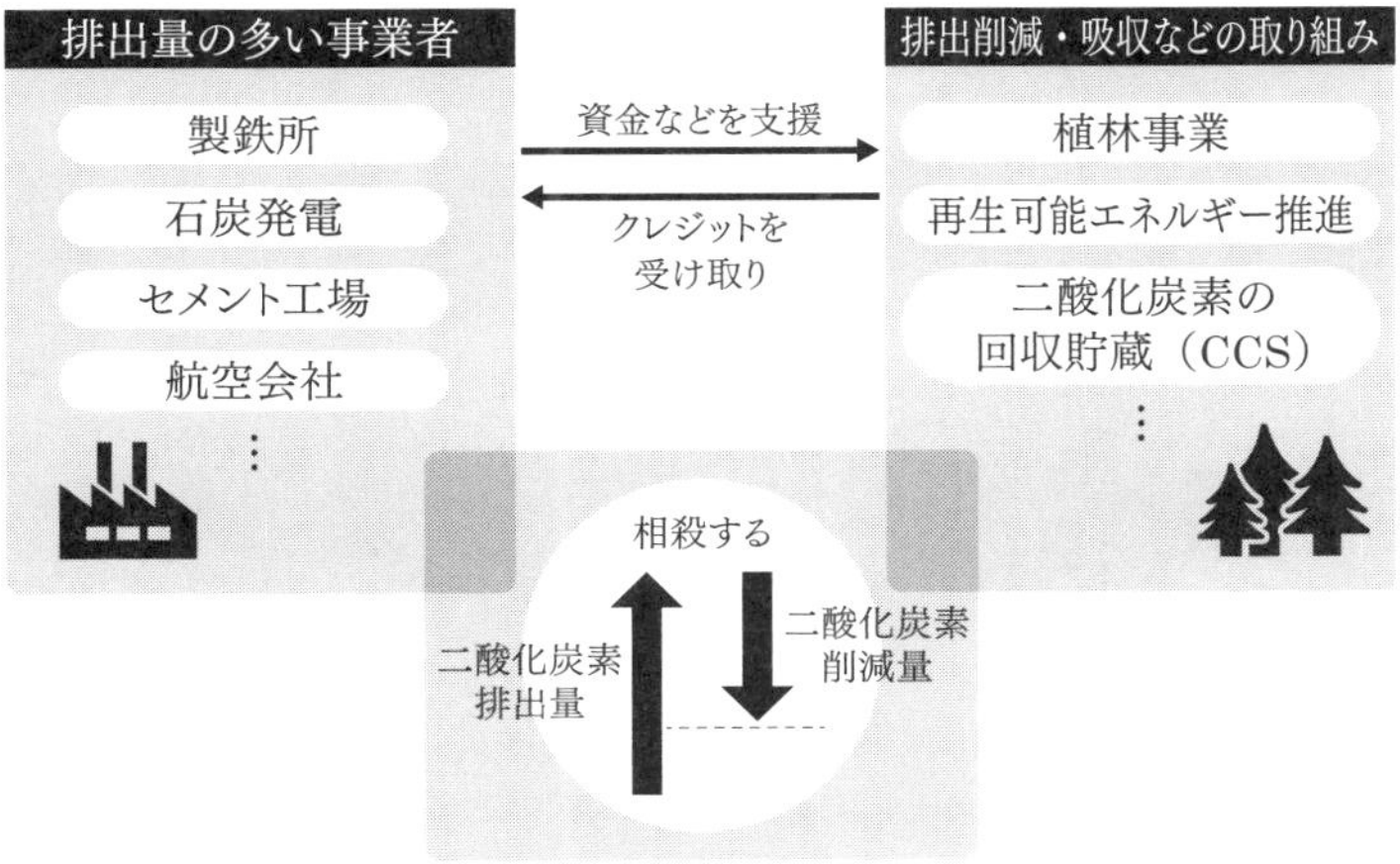

企業が途上国などの環境事業に資金を拠出し、対価に「クレジット」を受け取って、自社の温暖化ガス排出量と相殺（オフセット）するのが「自主カーボンオフセット市場（Voluntary Carbon offset Market＝VCM）」だ【図6－1】。

企業の温暖化ガス削減に不可欠な手段とされ、21年ごろから、ヘスのようなエネルギー会社のほか、排出量の多い製鉄やセメント会社が参加し、急速に市場が拡大した。

企業が、工場から大量に排出する二酸化炭素を企業活動の極端な低下を招くことなく削減するのは難しい。工場で電力の使用を減らすか、再生可能エネルギーを積極的に利用するか、排出量の少ない製造技術を開発するかを迫られるが、いずれの方法もコストと時間がかかる。

その点、植林事業や再生可能エネルギー発電などに資金を出し、その見返りにクレジットを受け取って自社の排出量と相殺する方法なら、短時間で解決できる。

温暖化ガス排出量を50年までに実質ゼロにする地球規模の取り組みに、企業として貢献するための有力な手段と期待されてきた。広大な森林を抱え、環境保護に取り組みたいが、財政的に厳しいグローバルサウスと、資金面に余裕のある先進国の企業を結ぶ「ウイン・ウイン」の仕組みとの期待もあった。

カーボンオフセット市場に逆風

ところが、22年ごろからカーボンオフセット市場に逆風が吹き始めた。「22年のクレジット購入は21年より減少した」（コンサルティング会社J・S・ヘルド）という。

ESG投資と同じで22年を境に潮目が変わった。やはり行き過ぎに対する反省が起きた。直接のきっかけは投資家や欧米メディアから、制度上に問題があるとの指摘が相次いだことだ。途上国で行われている環境事業の中には、ほとんど効果がないものが含まれていることが判明。企業が手にするクレジットの価格についても設定の方法が不透明だとの指摘も出た。こうした不透明な仕組みを使うことは、環境対策に取り組んだふりをして実態が伴わない「グリーンウオッシング」そのものではないか、との不信感が強まった。

カーボンオフセットを使った企業を相手に米国で訴訟が起きている。訴訟の詳細をみると、オフセット市場が抱える問題点が見えてくる。

23年5月、米デルタ航空を相手取って、米カリフォルニア州の裁判所に集団訴訟が起こされた。

訴状によると原告は「デルタは2020年3月以降、『世界初のカーボンニュートラル航空会社』であると繰り返し宣伝してきたが、これは虚偽で誤解を招く」と主張した。デルタは「カーボンニュートラル」を掲げているが、カーボンオフセット市場を使い、温暖化ガスの排出量を相殺したことに問題があるとした。デルタが20年3月以降、温暖化ガスを排出していない、と消費者が誤解する可能性があるのではないかと指摘した。

原告が訴状でオフセットに問題ありとした点は主に4つある。

①オフセット市場では、温暖化ガス削減量を膨らませる傾向があり、その結果「幻のクレジット」が生じる。しばしば不正確な予測を使い不正にプロジェクトを二重、三重に計算することがある。

②オフセット市場の関与に関係なく発生したであろう削減に対し、クレジットを提供することが多い。

③オフセットによる効果は遠い将来まで実現されない可能性がある。例えば今日の飛行機の運航は今すぐ二酸化炭素を放出するが、今日植えられた苗木は、数十年にわたって今日の排出量を相殺できるほど大きく成長することはない。

④二酸化炭素は排出すると「1世紀以上大気中にとどまる」ため、企業は少なくともその期間は同等の排出量をオフセットしなければならないにもかかわらず、多くのプロジェクトはそれほど長く続かない場合がある。例えば資金提供先の森林の一部がすでに火災により焼失している。

つまり、資金を拠出した先の環境事業が、計画に沿って正しく行われていない可能性があり、それに基づいて入手したクレジットに本当に価値があるのかと問いかけている。

もし、原告の主張通りなら、カーボンオフセット市場の前提が崩れることになる。クレジットによって排出量を減らすという企業の主張も、その正当性に疑問符が付くことになる。

妥当性巡り相次ぐ訴訟

オフセットを巡っては、食品大手ダノンを相手取った訴訟も起こされている。

22年10月、米国で販売している飲料水「エビアン」を巡り、米ニューヨーク州の裁判所に集団訴訟が起こされた。やはりカーボンニュートラルとの関係が争点になった。

訴状によると、エビアンのラベルには「カーボンニュートラル」と表示しているが、製造にあたって「依然として二酸化炭素を放出しており、表示は虚偽で誤解を招くものだ」と原告は主張した。

カーボンオフセットを使っているにもかかわらず、その説明をしていないし、「合理的な消費者はオフセットがカーボンニュートラルだとは理解しないだろう」としている。

基本的な構図はデルタ航空の訴訟と同じだが、訴状で注目されたのは、ダノンがクレジットと引き換えに資金拠出した環境事業について、本当に実効性があるのかどうかを指摘した箇所だ。ダノンが拠出した資金はアグロフォレストリー（森林を伐採しないで行う農業）に投資することになっている。ところが、原告の調査では「実施には10〜20年かかるのが現実」という。

原告の主張通りだとすると、10〜20年後に実施される環境事業に資金を出して、クレジットを手にしたことになる。仮に事業を評価、認証する会社が認めたとしても、それを第三者がチェックする体制がない以上、不透明感は払拭できないだろう。

これは地球全体の温暖化ガス排出量の観点でみると、当面実施されない環境事業と引き換えにクレジットが発行されることは、排出量が増えることに等しい。まだ見通しの立っていない減少分が、企業が排出した分を計算上差し引くためだ。

訴訟はカーボンオフセット市場の根本的な仕組みに疑問を投げかけた。制度の問題への指摘は22年ごろから出ている。

フィンランドの非営利団体コンペンセートはリポートで「(環境事業の中には)深刻な永続性リスクを抱えているものもある。想定される森林伐採が大規模になり、事業の信頼性が低いものもある」と指摘した。

市場に対する批判はおおむね以下のようなものだった。

一般的に、資金拠出した先の環境事業は遠方にあることが多く監視の目が届きにくい。そもそも植林事業の価値は専門家でもない限り見通すのは難しい。例えば苗木を植えてから成長するまで何十年もかかる。その間に山火事や酸性雨で森林破壊が進む可能性がある。当初1000ヘクタールに植林する予定だったプロジェクトが大きく縮小するリスクがある。

さらに、企業が対価で受け取るクレジットを、評価、認証する会社は世界に一握りしかなく、細かい評価基準も明らかでない。クレジットは会社ごとに値段が異なり公定価格があるわけではない。不透明感が払拭できないままで、企業がクレジットを受け取って、自社の温暖化ガス排出量と相殺することは許されるのか。これを認めるとグリーンウオッシングの温床になりはしないか。

オフセット事業を評価、認証する会社を告発する動きもあった。

23年6月、カナダのアルバータ州当局は評価、認証会社のアンバーグ・コーポレーションなど

2社を告発した。

「虚偽の誤解を招く情報を提供し、検証、監査の基準に定められた規則と要件を遵守しなかった」のが理由。正しい判断を下すという前提に立っていたはずの評価、認証会社が、適正に機能していなかった可能性を指摘した。

アルバータ州は、石油、ガス会社や食品加工会社など排出量の多い企業を対象に、強制的なカーボン・オフセット・システムを実施している。

企業が決められた割当量を超えて二酸化炭素を排出する場合、それを相殺するため、クレジットを購入する必要がある。取引が正当であることを証明するため、評価、認証機関がクレジットを検証する仕組みになっている。

アルバータ州当局の告発は、公正だという前提に立っていた検証、評価会社が、必ずしも正しい情報を提供していない可能性を浮かび上がらせた。もし指摘通りなら、カーボンオフセットの仕組みの信頼性は大きく揺らぐことになる。

危機感の高まり、市場改革の動き

危機感の高まりから、オフセット市場を改革する動きが始まった。自主カーボンオフセット市場の品質の世界基準を設定する独立ガバナンス機関「自主炭素市場健全性評議会（ＩＣＶＣＭ）」が23年３月、高品質クレジットの基準となる10の「中核炭素原則（ＣＣＰ）」を発表した。

この10原則には、例えばクレジットプログラムは透明性、説明責任などガバナンスを備えていなければならないといったものから、より本質的なものまで含まれる。

まず、地球温暖化ガス排出量の削減または除去は「追加的」なものとする。つまり、クレジット収入によって生み出されるインセンティブがなければ、発生しなかったものでなければならず、企業の資金拠出がなくても、もともと成り立っているプログラムは認められない。

次に、排出量の削減は永続的であるか、リスクがある場合には、それらのリスクに対処し補償するための措置が講じられなければならない。

これは例えば植林事業で、山火事が発生した場合にはその埋め合わせをすることを求めているとみられる。

また、排出量の削減は目標の達成に対して１回だけカウントされ、二重カウントは認められない。原則を満たした場合、オフセット事業は「ＣＣＰ適格」として評価され、クレジットは「ＣＣＰ承認済み」と認定される。

10原則には、デルタの裁判で原告側が懸念を示した点も含まれており、今後、このお墨付きが参加者の不信感を払拭することができるかどうか注目される。

「カーボンニュートラル」広告に基準

「カーボンオフセットを使いながら、『カーボンニュートル』という表現を使う広告は妥当かどうか」。米国の裁判でも浮上したこの問題に、英国の広告監視機関であるＡＳＡ（広告基準局）は23年2月、１つの答えを示した。

ＡＳＡはまず、「カーボンニュートラル」「ネットゼロ」といった表現を用いた広告についての調査から始めた。

それによると、カーボンニュートラルという主張について、消費者は「二酸化炭素の排出量の絶対的な削減が行われた、または行われることを意味する」と考える傾向がある。従って、「オフセットが潜在的に役割を果たしていることが明らかになると、消費者は誤解を受けたと感じる可能性があることが明らかになった」という。

また、航空旅行、エネルギー、自動車の広告はとくに注目を集める傾向があり、オフセットの潜在的な役割が明らかになった場合、より大きな失望を招く可能性がある。これらの分野ではとくに透明性が必要だという。

調査を踏まえ、消費者が誤解しないよう、「二酸化炭素排出を積極的に削減しているかどうか、どの程度削減しているか、あるいはオフセットに基づく主張かどうか、について正確な情報を含めるべきだ」とした。とくに主張がカーボンオフセットに基づく場合は、使用しているオフセット制度に関する情報を提供すべきだとした。

つまり、広告でカーボンニュートラルを主張するとき、オフセットを使っているのであれば、その旨を明記し、その中身もきちんと情報提供するべきだとしている。

欧州委員会も対策に動いている。23年3月、域内で活動するすべての業者に適用し、グリーンウオッシングと疑われる事例を排除することを狙った「グリーンクレーム指令案」を公表した。その中で、カーボンオフセットについて、Q＆A形式でルールを示した。

「カーボンオフセットやカーボンクレジットを根拠とする気候関連の主張は、とくに不明瞭で曖昧で、消費者に誤解を与えやすい」としたうえで、とくに「気候ニュートラル」「カーボンニュートラル」などの表現を問題視した。

そして、「企業は、自社の組織やバリューチェーンにおける排出量削減に焦点を当てるべきだ。気候変動に関連する主張を行う場合、企業は、その主張のどの部分が自社の事業に関係し、どの部分がオフセットの購入に依存しているのかについて、透明性を確保しなければならない」とした。

カーボンオフセットを利用している企業が、カーボンニュートラルという広告を出すときには説明が必要という立場で、英国と同じ考え方だ。

一般的に、企業は工場から出る二酸化炭素の量を減らし、再生可能エネルギーの利用を増やすなど、自ら排出量削減の努力をするべきで、それでも足りない分をオフセットで補うのが正しいあり方だ。その割合は、一般的に自社努力が9割、オフセットが1割というのが理想とされる。

ところが、「オフセットへの過度の依存」（国連のハイレベル専門家グループ）が起きており、企業は自主努力を怠る傾向が懸念されている。

非営利の監視、研究機関のカーボン・マーケット・ウオッチは、調査した企業のほとんどが「排出量を漠然としたネットゼロや気候中立性の目標を達成するように見せるため、大きな割合でオフセットの使用を計画している」と分析、排出量の半分近くをオフセットに頼る計画だとみている。

オフセットをやめる動きも

優良企業の中には、不透明感が指摘されるカーボンオフセットの利用をやめる企業も出始めた。

「我々はサプライチェーンの温暖化ガス排出量削減を助ける投資をするため、カーボンオフセットへの投資から撤退する。カーボンゼロへの道程でカーボンオフセットには頼らない」。食品大手ネスレは23年6月、大きな転換を決めた。

ネスレは50年までに温暖化ガス排出量を実質ゼロにするという目標を掲げ、18年を基準として、25年までにスコープ1、2、3の排出量を20％削減し、30年までに50％削減する考えだ。その達成を目指すのにカーボンオフセットを使わないと宣言した。

英国の格安航空会社イージージェットは一足早く脱カーボンオフセットに戦略転換した。22年9月、年末までに航空機からの二酸化炭素排出に関わるカーボンオフセットの利用をやめることを明らかにした。「より環境に優しい燃料への切り替え、航空機の動力源に水素を使用する技術に至るまで、新しい技術にお金を使った方が良い」としている。

同社はもともと19年11月からオフセットを利用してきたが、20年の年次報告書では、排出量の75％をオフセットしたと認めている。そこから、航空機燃料の脱化石燃料化などを通じて、自社で積極的に排出量を減らす方針に大きな転換を図ったことになる。

こうした優良企業の取り組みはまだ一部にとどまっている。今後、追随する動きが広がるかどうか注目される。

制度上の問題点が浮上しても、カーボンオフセットが、世界の企業が排出量を削減するために欠かせないという認識が揺らいでいるわけではない。50年の実質ゼロエミッションに向けて利用が増えるとのシナリオは健在だ。

米マッキンゼー・アンド・カンパニーは、オフセット・クレジットの需要は２０３０年までに二酸化炭素量換算で最大１・５ギガ〜２ギガトン、50年までに7ギガ〜13ギガトンと20年に比べ飛躍的に増えるとみている。30年の市場規模は50億〜３００億ドルとみる【図６－２】。

コンサルティング会社のＪ・Ｓ・ヘルドは、「企業が排出量の実質ゼロ達成に向けて努力する中、オフセットの需要は劇的に増加すると予想される」とみている。

カーボンオフセットは脱炭素を進める企業が、「逃げ道」としてではなく「最後の手段」として使うべきだという議論がある。そうでないと、企業の脱炭素は進化が止まってしまう可能性はあるだろう。


【図6‒2】カーボンクレジットの需要見通し

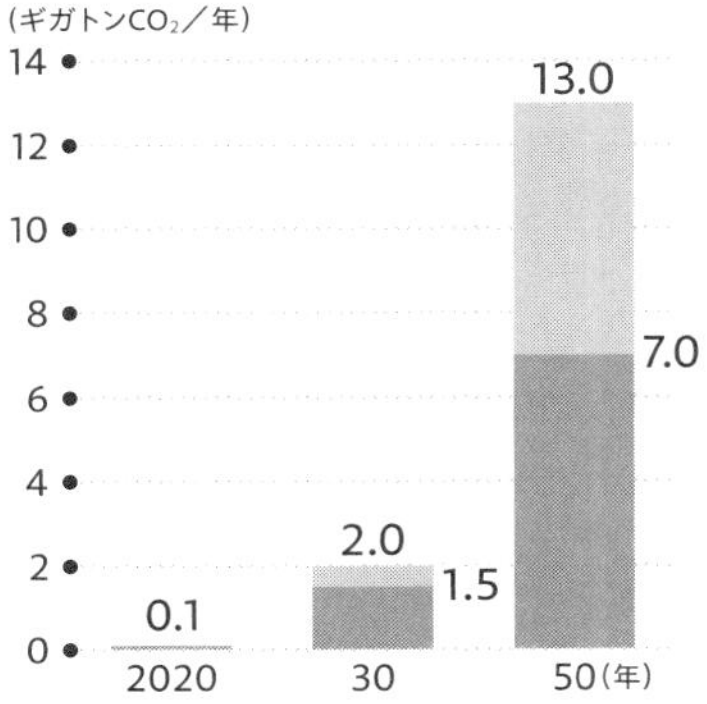

出所：マッキンゼー

相次いだグリーンウオッシング疑惑

カーボンオフセットの抱える問題は、詰まるところ、環境対策に取り組んでいることを装う「グリーンウオッシング」につながる可能性があることだ。様々な分野でこのグリーンウオッシングは大きな懸念材料になっている。

23年7月、運用会社のバンガード・インベストメンツ・オーストラリアに対し、オーストラリア証券投資委員会（ASIC）は、ファンドが行うESG関連で特定の対象を除外するスクリーニングについて、誤解を招く行為があったとして、裁判所に民事罰の手続きを申し立てた。

バンガードは化石燃料を含む様々な発行体を除外していると主張していたが、ASICは「インデックスに含まれる債券の発行体のかなりの割合についてリサーチが実施されていない」と主張した。

結果的に「投資家の資金を、石油・ガス探査に関連する活動を含む化石燃料と関係のある投資対象にさらした」としている。ASICは「バンガードは、化石燃料を含む特定の債券発行会社を除外するよう、商品をスクリーニングすると約束した。しかし、スクリーニングは投資家に約束されたものよりもはるかに限定的なもので、これはグリーンウオッシングのもう1つの例であると考える」としている。

金融界で最も注目を集めたグリーンウオッシングに関連した事件は、独検察・金融当局が22年5月、ドイツ銀行と同グループの資産運用大手DWSに対し行った家宅捜索だろう。ESG投資をめぐり、投資家に誤った情報を伝えた疑いが浮上した。

同じころ、米証券取引委員会（SEC）は、米銀大手のバンク・オブ・ニューヨーク（BBNY）

の資産運用子会社に対し、特定の投資信託で虚偽の説明があったとして起訴した。SECは運用子会社が18年7月から21年9月まで、ファンドのすべての投資対象でESG評価を実施したと誤って示唆したと認定した。運用子会社は150万ドルの罰金を払うことに合意した。

さらに22年11月、SECはゴールドマンサックス・アセットマネジメント（GSAM）に対し、ESGを掲げた投資信託に関連して、事前に決めた手続きを守らなかったとして告発した。GSAMは400万ドル罰金の支払いに合意した。

欧米で規制の動き

ESG投資の世界では22年に強い逆風が吹いたが、こうしたESG関連の金融商品を巡る当局による摘発も、21年にESGと名の付く金融商品が多数登場し、その中身をよく吟味されないまま市場に流れたことへの反省から起きたともいえる。

見せかけだけのグリーンウオッシングは、食品や衣料品など消費者に近い分野から金融まで幅広い分野で露呈し始めた。こうした事態を受け、欧州委員会は対策に乗り出した。EUが公表した「グリーンクレーム指令案」によると、20年から欧州委員会が企業の行うグリーン関連の主張を調査したところ、調査対象の53・3％があいまいで誤解を招くか根拠がなく、40％はまったく根拠がなかったという。消費者に向けた虚偽の主張を排除し、グリーンウオッシングに対処することが指令案の狙いだとしている。

例えば、一般消費者向け商品にグリーンを装う行為に厳しい規制が導入される。「蜂に優しいジュース」「リサイクルしたプラスチックを30%使ったパッケージ」といった製品の広告は安易に使えなくなる。消費者保護の観点から企業はデータなどを使って広告の根拠を示す義務を負うことになる。

さらに欧州議会は23年9月、誤解を招く広告を禁止し、消費者により良い製品情報を提供するための新しい規則について評議会と暫定合意した。一般的な環境に関する主張やその他の誤解を招くマーケティング手法を禁止する。

禁止の具体例として①「環境にやさしい」「天然」「生分解性」「気候ニュートラル」「エコ」など、一般的な環境に関連する主張をすること、②カーボンオフセット制度に基づき、製品が環境に与える影響を中立的、低減的、または肯定的に主張することなどを挙げた。

グリーンウオッシングに対し、米証券取引委員会（ＳＥＣ）も厳しい政策をとっている。23年9月、ファンドの投資やリスクについて投資家に誤解を与える可能性を排除するため、従来の規則の修正案を採択した。

もともと特定の投資対象を示唆する名称を持つ投資会社に対し、資産価値の少なくとも80%をその対象に投資する方針を採用するよう求めている。これが「80％投資方針」と言われるもので、修正案ではより多くの投資会社を含むようにした。

例えば「グロース（成長）」「バリュー（割安）」という名称を使っているほか、環境、社会、企業統治のうち1つまたは複数を採用しているテーマ型投信のように、特定の特徴を持った投資を含めることにした。

SECは「ファンド業界は過去20年間に発展してきたが、現行の規則では投資家の保護が損なわれる可能性がある」「（修正によって）ファンドのポートフォリオがファンド名と確実に一致するようにするのに役立つ」としている。

これに対し、業界団体のインベストメント・カンパニー・インスティテュート（ICI）は声明で「この規則は、ESGファンドをはるかに超え、米国内の全ファンドの4分の3以上を正当な理由もなく網にかけるものだ」と反発している。

企業のESGへの取り組みについてこんな調査もある。

「経営者は企業が利益予想を下回ると、ESGへの注力を話すことが多い」「利益予想をわずかに下回った企業でこの傾向は顕著で、実際のESGへの取り組みとは無関係に見える」

北アイオワ大学の教授らが23年6月に発表した論文によると、経営者は業績という客観的な評価の不足分を、環境対策に取り組んでいることをアピールして補う傾向が見て取れるという。つまり、環境を持ち出すことで、経営者は業績面での低い評価を覆そうとするようだ。脱炭素時代に、企業の環境対策への取り組みは不可欠だが、実態を伴わないアピール優先の施策は消費者や投資家を惑わせる。それを規制する仕組み作りは始まったばかりだ。

環境格付けにも厳しい目

ＥＳＧ市場を巡る問題は、ＥＳＧ格付けでも起きている。格付けは主に債券について、企業の信用力を分析して付与されるが、ＥＳＧ格付けは企業のＥＳＧへの取り組みを分析し、数値化する。格付会社によって評価基準が大きく異なることから投資家の間に混乱が起き、改革を求める声が強まっている。

22年5月、ＥＳＧの各種データを使い企業をランキングして提供している「Ｓ＆Ｐ５００ＥＳＧインデックス」から、米ＥＶ大手テスラが外れた。炭素戦略の欠如や企業行動規範が理由とみられる。

イーロン・マスク最高経営責任者（ＣＥＯ）はＸ（旧ツイッター）で反発した。「企業についてのＥＳＧは悪魔の化身であるとますます確信しています」「ＥＳＧはとんでもない詐欺だ」と激しい言葉を並べた。

ＥＶを製造している会社だからといって、そのままＥＳＧの分野で高く評価されるわけではない。テスラについて、例えば23年9月半ば時点のＥＳＧ格付け会社 Sustainalytics の付けたスコアをみると、25・2で「ミディアムリスク」との評価だ。世界の自動車会社90社のうち45位と真ん中に位置している。ＥＶの覇者でもＥＳＧ分野では平均的な成績になる【図6－3】。

スコアを石油会社と比べると、米エクソンモービルのスコアは41・6で「シビアリスク」、米シェブロンは36・6で「ハイリスク」といずれもテスラよりリスクは高いとの評価だ。ところが、仏石油大手トタルエナジーズは28・3でテスラと同じ「ミディアムリスク」だ。

【図6−3】SustainalyticsのESG格付け

			リスク 高い
自動車	メルセデスベンツ	20.9	
	BMW	24.8	
	テスラ	25.2	
石油、ガス	トタルエナジーズ	28.3	
	エニ	29	
	シェル	33.7	
	BP	35.1	
	シェブロン	36.6	
	エクソンモービル	41.6	

注：2023年9月13日時点

他の格付会社のＥＳＧ格付けでも状況は同じだ。ＥＶのように環境対策に貢献するビジネスをしているからと言って、脱炭素時代の「座礁資産」とされる石油ビジネスよりも、必ずしもＥＳＧの評価が高いわけではない。ＥＳＧ格付けには、一般的なイメージだけでは十分に理解できないそれぞれの評価軸がある。

まず、格付会社によってＥＳＧスコアが大きく乖離《かいり》していることは、投資家の間で以前から問題視されてきた。

単純化すればある企業のＥ（環境）スコアを付けるのに、Ａ格付会社が温暖化ガス排出量のデータを使い、Ｂ格付会社は水質汚染のデータを使えば差が生じるのは当然だ。導き出されたＥスコアが高いか低いかだけをみても、企業の姿が見えてこないのはそのためだ。

マサチューセッツ工科大学（ＭＩＴ）教授らの研究では、スコアが乖離する原因の56％がこうした測定方法の違いによるものだという。研究で興味深いのは、１つのカテゴリーで高いスコアを獲得した企業は、他の全てのカテゴリーでも高い評価を獲得する可能性が高いことだ。これは「ハロー効果」と言われ、ある対象を評価する時、目立ちやすい特徴に引きずられ、全体の評価を下してしまう現象がＥＳＧ格付けで見られるという。

ある企業が温暖化ガス排出量の削減に積極的に取り組んでいると高く評価すると、おのずと水質汚染対策の評価も高く付けてしまうとしたら、客観的な評価に疑問がつくのは当然かもしれない。

環境格付けの問題点を指摘する動き

「ＥＳＧ格付けで上位にランク付けされた企業は、本当に環境に配慮していて、活動する社会を選んでいるのか」。こうした問題意識のもと、オランダのティルブルフ大学の教授らが実施した研究は示唆に富んでいる。

22年3月に発表した論文で、ロシアで事業を展開している欧州企業を対象にＥＳＧスコアとロシアによるウクライナ侵攻への対応を調査した。

その結果、ロシアに展開している企業の平均ＥＳＧスコアは１００点中78点だった。同じ規模の欧州企業の平均スコア64点を上回った。

ＥＳＧのうち社会（Ｓ）の評価だけを見ると81点で、同規模の欧州企業の68点を上回った。しかし、ロシア進出企業はＥＳＧスコアが高いにもかかわらず、ウクライナへの侵攻後、ロシアからの撤退を表明する動きは鈍かったという。

つまり、ＥＳＧスコアが高いからといって、社会的に非難されているロシアから即時に撤退するわけではなく、格付けと企業の行動の相関関係は薄いのではないかとみている。

一方、ＥＳＧスコアがファンドや企業の行動に与える影響については、マサチューセッツ工科大学（ＭＩＴ）教授らの23年3月の分析が示唆に富んでいる。

ＥＳＧ格付けが変わった場合、「ファンドの保有比率の変化は緩慢で、最長2年かけて徐々に変化する。これはファンドマネジャーがＥＳＧ格付けを企業の最新情報と考えるよりも、主にＥＳＧファンドの方針に準拠するために利用していることを示している」という。

さらに企業の行動については「ESG格付けが与える影響は限定的だ。格上げ、格下げのいずれについても、企業の設備投資に対する実質的な影響は見られなかった。企業は格付けが変更されるとESGの慣行を見直すが、それはガバナンスの側面だけだった」と分析した。つまり、環境面についてマイナスの評価を付けられても、企業は直ちに対策を考えるほどの影響は受けない可能性がある。

ESG格付けが企業の温暖化ガス削減量と結びついているかどうかについては、20年の経済協力開発機構（OECD）のリポートが明らかにした。以下のような重要な問題点を指摘した。

- ESGスコアの高いポートフォリオに投資しても、必ずしも炭素排出量や気候変動に関するリスク管理で高い評価を受けている企業が含まれるとは限らない。
- E（環境）スコアの高さと、炭素排出量や廃棄物量の多さの間に正の相関関係があることが分かった。このことは、Eスコアの評価には、環境指標以外の、例えばガバナンスなどが大きなウェイトを占めていることを示唆している。Eスコアの高い企業への投資は場合によっては、ポートフォリオの温暖化ガス排出量をより大きくしてしまう可能性がある。
- 投資家は、Eスコアの情報内容が低排出、低炭素ポートフォリオと整合していると誤解しないように注意する必要がある。何が高いEスコアをもたらしているのかを投資家が十分に理解できるよう、格付会社が使用している手法に関してより明確で透明性の高いものにする必要がある。

つまり、様々な基準に基づくEスコアは、必ずしも企業の温暖化ガス排出量と相関関係がない場合がある。その結果、投資家が温暖化ガスの削減に寄与すると考えて、Eスコアの高い企業に投資すると、逆の結果につながる可能性があることになる。

そもそもESG格付けは企業活動のある側面を評価するもので全体を評価していないうえ、あくまで投資判断の材料で企業の活動を左右する目的のものではないという議論もある。債券の格付けにしても、企業の利払いの能力を評価する尺度ではあるが、企業業績や株価を予想するものではない。株価が高くても、債券の格付けは低い企業はたくさんある。

では投資家は本当にESG格付けを活用しているのだろうか。

資産運用会社のキャピタルグループが世界の投資家1000人以上を対象にした調査によると、投資家の半数が、「ESGスコアの一貫性の欠如を克服することが投資決定のプロセスに組み込む際の最大の悩みの種だ」と答えている。とくに米国に比べ欧州の投資家がこの問題に直面しているという。つまり、使い勝手に問題を感じ、十分に生かせていない可能性がある。

環境格付けに欧州で改革の動き

ＥＳＧ格付けが抱える問題が見えてくるにつれ、23年ごろから改革への取り組みへの模索が始まった。

23年6月、欧州委員会が持続可能な金融パッケージを発表、その中にＥＳＧ格付会社に対する規制も盛り込んだ。規則には、格付会社は格付けの特性や方法論に関する情報を公開すること、政治的な独立、企業へのコンサルティングの禁止などを盛り込んだ。さらに、投資家を保護し、市場の健全性を確保するため、ＥＵ域内の投資家や企業にサービスを提供するＥＳＧ格付会社に対し、欧州証券市場監督局（ＥＳＭＡ）による認可と監督を義務付けることも含めた。

「ＥＳＧ格付け市場は透明性の欠如に悩まされており、欧州委員会はＥＳＧ格付け活動の信頼性と透明性を向上させるための規則を提案した」としている。

23年7月には、英国の規制当局の要請で結成された業界主導のワーキング・グループである「データ・アンド・レーティングス・ワーキング・グループ（ＤＲＷＧ）」が、ＥＳＧ格付けについて市場の信頼性を確保するための自主行動規範の草案を発表した。

草案では、ガバナンス、質の確保、利益相反、透明性、守秘義務、エンゲージメントという6

つの原則を定めた。例えば利益相反について、格付けや業務の独立性や客観性を損なう可能性のある行為を管理すること、ＥＳＧ格付けの透明性については手法やプロセスを含め、適切なレベルの情報開示と透明性を確立することを掲げている。

こうしたＥＳＧ格付けを見直す動きは始まったばかりだ。ＥＳＧ投資を支えるインフラとしての格付けが定着するかどうか注目される。

カーボンオフセットの隆盛と批判、グリーンウオッシングを規制する動き、環境格付けを見直す動き。これらは主に「疾風怒濤の21年」「反動と反省の22年」の中で起きたことだ。

カーボンオフセットは、企業の環境対策推進に不可欠で画期的なツールだと信じられていたが、様々な制度上の問題点が露呈し、見直しを求める声が強まった。環境格付けも企業の環境への取り組みを測るバロメーターとして期待が高まったが、評価する基準を巡って議論が起きている。

こうした動きをどう見るか。脱炭素への奔流の中で、駆け込み的に利用が増えたものの、実際は見かけほどの中身ではなかったと失望するのか、いや、まだ始まったばかりで、再出発するための助走期間だったと希望を持つのか。いずれにしても、50年の温暖化ガス排出量実質ゼロの達成へ、環境対策を進めるための仕組みを再構築する議論は急ピッチで進める必要があるだろう。

第7章

環境ビジネスへの期待と現実

環境投資のジレンマ

反ESGの流れはどこに向かうのか

温暖化ガス排出量の削減を目指す企業の取り組みは、粘り強く前進しながらも、様々な逆風に直面している。鉄鋼、アルミ、水素、再生可能エネルギーなど注目の分野は、将来の高い成長期待がありながら、目先のコスト高にも見舞われている。

ＥＳＧ投資や投資マネーが様々な問題に直面しているのと同様、環境関連のビジネスにも克服しなくてはならない課題がある。

グリーン鉄鋼の台頭

鉄鋼やアルミニウムなどの金属は製造過程で大量の二酸化炭素を排出する。ここ数年、再生可能エネルギーや水素を使い、製造時の排出量を減らす「グリーン鉄鋼」「グリーンアルミ」が急速に脚光を集めている。

製造で使う電力を再生可能エネルギーに切り替えるほか、水を電気分解して生成する「グリーン水素」と呼ばれる、排出量の少ない水素を使うことで環境負荷を減らす。鉄鋼では鉄鉱石還元プロセスで用いる石炭を水素に置き換える方法が一般的とされる【図７－１】。

２０２０年に創業したばかりのスウェーデンのスタートアップ企業「Ｈ２グリーンスチール」。グリーン鉄鋼の生産を目指す同社にいま、世界の自動車メーカー、鉄鋼メーカーから熱い視線が

【図7-1】グリーン鉄鋼の仕組み

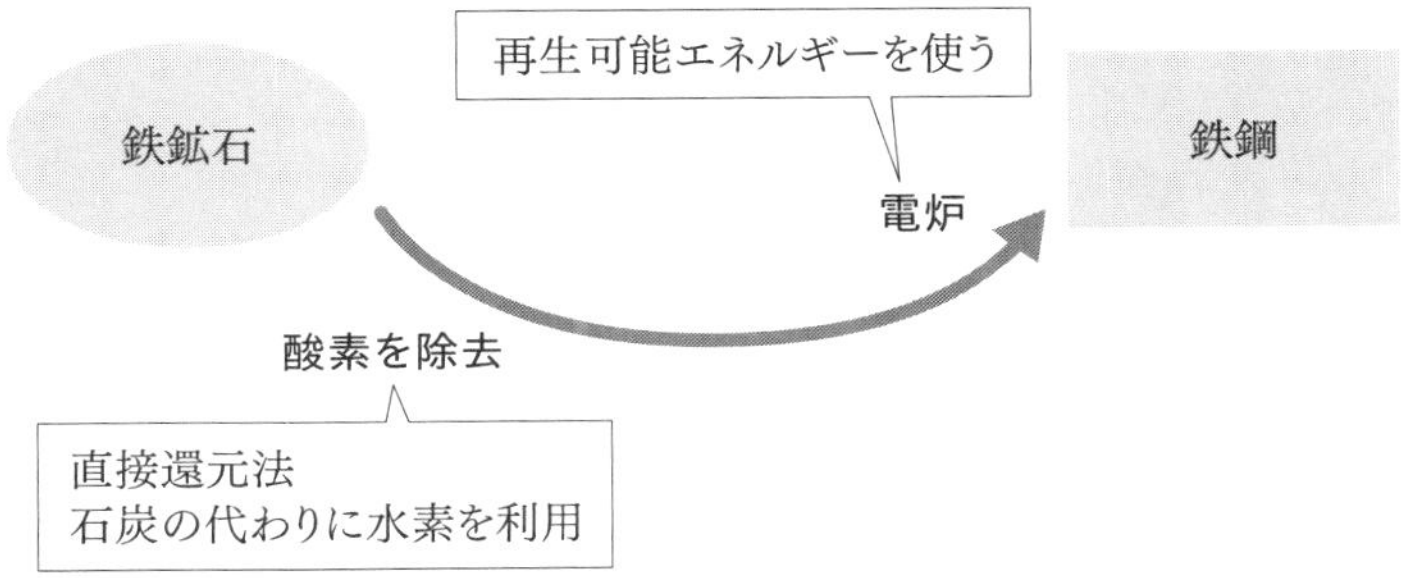

注がれている。

独メルセデス・ベンツは23年6月、欧州で生産する自動車向けに、H2グリーンスチールと年間約5万トンのグリーン鉄鋼を購入する契約に署名した。北米で生産する分についても覚書を結んだ。

自動車製造における温暖化ガス削減を目指すメルセデスは、早い段階からH2社に投資していた。「H2社が存在するのは、メルセデスのような企業が、鉄鋼業界の移行が遅すぎて気候変動目標を達成できないと警告したからだ。サプライチェーンの排出量、循環性、社会の持続可能性に関して基準を引き上げることができるパートナーだ」と述べた。

独自動車部品メーカーのZFは、H2社と15億ユーロで7年の契約を締結した。26年から排出量がほぼゼロの鋼材の購入を開始する予定。ZFはバリューチェーンの排出量も含めて40年までに実質ゼロエミッションを目指している。この契約によって従来の製鉄プロセスと比較して二酸化炭素排出量を230万トン近く削減すると予想されている。

資源会社では、23年4月、英大手アングロ・アメリカンがH2社と、グリーン鉄鋼の製造プロセスに協力する覚書を締結した。アングロ・アメリカンが採掘した鉄鉱石を、H2社のスウェーデンの工場で原料として使用する研究と試験が含まれる。アングロ・アメリカンは、「脱炭素鉄鋼製造のビジョンを共有する業界リーダーとの協力は、バリューチェーンにおける排出量削減への取り組みの中核となる」と述べた。

資源大手のブラジルのヴァーレ、英豪のリオティントも同様の契約を結んでいる。

飛ぶ鳥を落とす勢いのH2社は、世界の年間の鉄鋼生産量が約20億トンの中、30年までにグリーン鉄鋼を年間500万トン生産する計画だ。

「スコープ3」開示の流れが後押し

グリーン鉄鋼市場の急拡大を予想する声が増えている。市場調査会社のリサーチ・アンド・マーケッツの予想では、欧州の市場規模は22年が4736万ドルで、23年は7697万ドル、28年までに12億7206万ドル規模に拡大する。23年から28年の年間成長率は75・24%を予想する。

「近年、グリーン鉄鋼の需要見通しは、当初の予想より幅広い最終ユーザーによって驚きを与えている」という。

市場調査会社のプレセデンス・リサーチの予想では、世界の生産量は、22年は1億9684万ドルで、32年までに約6244億ドルに達するとみられ、23~32年の成長率は年123・94%という。欧州が最も高い成長率になり、北米は最も収益力の高い市場になる。太陽光発電向けが急成長するほか、車と輸送用が高いシェアになるとみている。

鉄鋼の製造で排出する地球温暖化ガスは世界の排出量の7、8%を占めるとされる。50年の温暖化ガス排出量の実質ゼロを目指す取り組みが強まるにつれ、グリーン鉄鋼の生産量は拡大が予想される。

需要サイドには高い成長をけん引する要因がある。世界的な企業の情報開示の流れだ。

企業の排出量の開示には、自社の排出量の「スコープ1」、電気やガスなどの利用の「スコープ2」、サプライチェーンまで含める「スコープ3」がある。欧米のルールではスコープ3までの開示を義務化する方向に向かっている。

スコープ3に含まれるのはグループ会社だけではない。仕入れる部品から、製品を販売した先で使うところまで含まれるから、網を張る範囲が格段に広い。例えば自動車メーカーは、使用する鉄やアルミの製造工程での排出量まで目を配る必要が出てくる。

また、自動車メーカーは、消費者に対し「環境に優しい材料を使っている」というメッセージをアピールする効果もあることから、積極的に導入に動くとみられている。

グリーンアルミにも脚光

アルミニウムでもグリーンシフトが進んでいる。太陽光発電の設備などで利用が進むため、世界銀行は、産業革命前に比べ気温が2度上昇するというシナリオのもとでは、アルミの需要が2倍以上に増えると推計している。

米アップルは22年3月、最新のｉＰｈｏｎｅ ＳＥにグリーンアルミを使う予定と発表した。自動車メーカーもグリーンアルミ志向を強めている。

「欧州自動車メーカーは、グリーンアルミに1トン10～15ドルの追加料金を払うことを選択している」。オーストラリアの鉱山会社サウス32は最近の状況についてこう語っている。「一部の入札プロセスから、グリーンアルミ以外を除外する議論も出始めており、この傾向は加速するとみられる」としている。

グリーン鉄鋼もグリーンアルミも、通常の鉄鋼、アルミに比べ価格が高い。化石燃料を使う発電に比べ、再生可能エネルギーはコストが高く、天然ガスから精製する水素に比べグリーン水素もコストが高いためだ。この価格の上乗せは「グリーンプレミアム」と呼ばれる。

今後、普及に弾みがつくにはこのグリーンプレミアムを下げることが鍵になるが、現状でも環境に配慮する企業は積極的にプレミアムを払っている様子がうかがえる。

「アルミの競争力を維持し、供給を多様化するには、アルミのサプライチェーン全体の脱炭素化が不可欠だ。生産に使用される電力を超え、アルミのバリューチェーン全体を脱炭素化することは、排出量を可能な限り削減し、所得の低い国を含む生産者が世界で競争できるようにするために重要だ」。世界銀行のクライメート・スマート・マイニング（ＣＳＭ）は23年3月の報告書で、グリーンアルミの必要性を強調した。

脱炭素の流れの中で、いずれグリーンアルミが大きなシェアを占める時代が来るから、その備えが必要だという声は日増しに強まっている。

米バイデン政権も早くからグリーン鉄鋼、アルミを後押ししている。22年2月、国内生産と調達を支援する措置を講じると発表した。「ＥＶや風力タービン、太陽光パネルに必要な鉄鋼やアルミニウムの低炭素生産など、グリーン製造における米国のリーダーシップを支援するため、政府機関を超えた新たな措置を発表する」としている。ＥＵと共同でグリーン鉄鋼とアルミの生産を促進する枠組み作りにも乗り出している。

コストの改善が普及の鍵

ただ、グリーン鉄鋼やグリーンアルミへの移行はそう簡単な話ではない。技術的な問題やコストの壁があり、紆余曲折が予想されている。

コンサルティング会社のマッキンゼー・アンド・カンパニーは23年4月のリポートで、「より環境に優しいアルミニウムを生産することは、石炭発電を再生可能エネルギーに置き換えるという単純な問題ではない」と指摘した。

アルミニウム製造の各段階で、大量のエネルギーが必要で、「最もコスト効率が高く効果的な方法に到達するには、様々なテクノロジーとソリューションが必要となる可能性がある」としている。

アルミの生産で排出される二酸化炭素は、主にボーキサイトからアルミナ、アルミナからアルミを精錬する過程で使う電力から由来するものだ。欧米ではその電力は再生可能エネルギー発電が主力になりつつあるが、その他の地域では依然として石炭発電が使われている。

アルミの生産プロセスで排出量を減らそうとすると、地域によっては新たに再生可能エネルギーの発電所を建設するところから始めなければならない。その費用と時間を考えると一気に切り替えるのは難しいだろう。

ストックホルム商科大学の教授らは22年11月の論文で、こうしたグリーン鉄鋼の製造過程で使う電力の問題を指摘した。現在、スウェーデンの比較的小さく人口の少ない地域に、多くのグリーン関連のスタートアップ企業が集結している。これらの新しい発電所を合わせると「スウェーデンで発電した電量の約半分を消費すると予想される。これほど大幅な需要の増加に価格の上昇なしでどのように対応するのか」としている。

グリーン鉄鋼、グリーンアルミの普及は詰まるところコストの問題でもある。需要が急拡大したとき、グリーンプレミアムが跳ね上がれば、購入に後ろ向きになる企業が増えると予想される。

動き出した低炭素水素

グリーン鉄鋼、アルミのコストを決める1つの要因は、使用する水素の製造コストにある。炭素排出量の少ない水素の開発に様々な取り組みが始まっている。

水素は製造方法によって色分けして呼ばれる。天然ガスから生成するのは「グレー水素」、製造過程で排出する二酸化炭素を回収・貯留する方法（ＣＣＳ）で回収、貯蔵するのが「ブルー水素」だ【図７－２】。

【図7-2】水素は製造方法により色分けされている

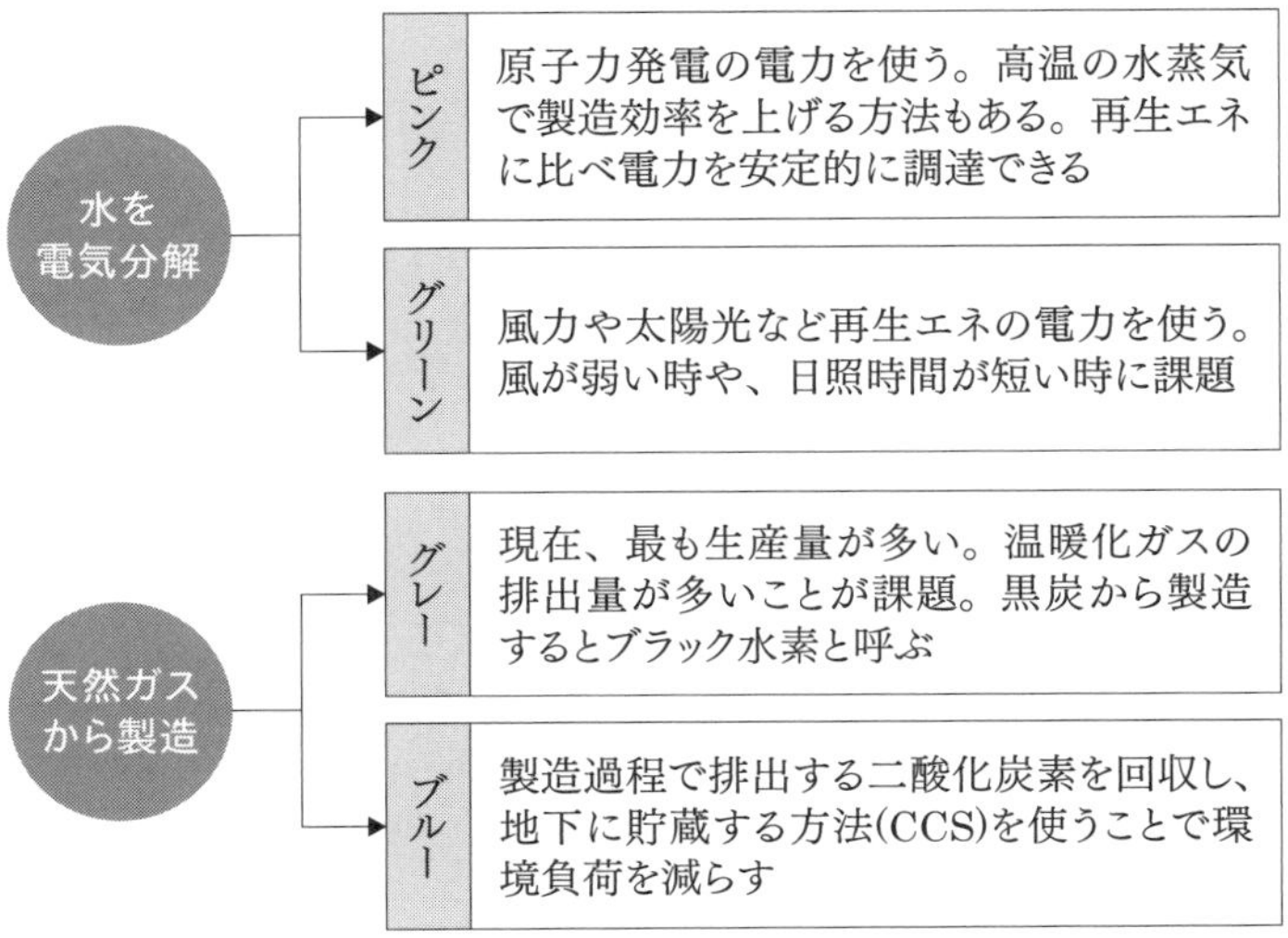
水を
電気分解
ピンク
原子力発電の電力を使う。高温の水蒸気で製造効率を上げる方法もある。再生エネに比べ電力を安定的に調達できる
グリーン
風力や太陽光など再生エネの電力を使う。風が弱い時や、日照時間が短い時に課題
天然ガス
から製造
グレー
現在、最も生産量が多い。温暖化ガスの排出量が多いことが課題。黒炭から製造するとブラック水素と呼ぶ
ブルー
製造過程で排出する二酸化炭素を回収し、地下に貯蔵する方法(CCS)を使うことで環境負荷を減らす

そして水を電気分解して生成する際、再生可能エネルギーを使うのが「グリーン水素」、原子力発電を使うのが「ピンク水素」だ。

いま、ピンク水素がグリーン水素より効率的だという見方から、米国などで注目を集めている。

23年2月、米国有数の原発・再生可能エネルギー企業コンステレーション・エナジーは原発の電力を使って水を電気分解する方法で水素の製造を始めた。

米エネルギー省の支援する、低コスト水素製造の4つの実証プロジェクトの1つだ。同省は「この快挙は、わが国の既存の原子炉がクリーンな水素を製造できることを端的に示している」と強調した。

米ラザードによると、米国での製造コスト（アルカリ水電解法）はピンク水素が1キログラム当たり2・75〜4・08ドル。グリーン水素は3・79〜5・78ドルで、1ドル以上低く抑えられる。原発を使うと製造コストを抑えられるのは、電力を安定的に確保できるうえ、製造効率を高める高温の水蒸気も利用できるためだ。

高温の水蒸気は運搬が難しく、水素の製造拠点との距離が近い必要があって、原子炉のなかでも立地の柔軟性が高い「小型モジュール炉（ＳＭＲ）」が有利とされる。

水素分野を強化している英ロールス・ロイスは23年6月、同社のＳＭＲを使った水素製造について住友商事とフィージビリティスタディー（事業性評価）を公表。「低炭素水素の製造で他のエネルギー源より総合的に最も有利だと分かった」という。

ピンク水素の普及の鍵の1つは、米国で22年8月に成立した再生可能エネルギーを支援する「インフレ抑制法」の対象になるかどうかだ。米政府は水素の製造コスト削減に熱心で、21年には「10年後に1キログラム当たり1ドルにする」と宣言した。抑制法の対象になれば1キログラムにつき最大3ドルの税額控除を受けられるため、米政府の目指す同1ドルが視野に入り、一気にコスト競争力が増す可能性がある。

ピンク水素を巡っては22年1月、スウェーデン電力会社ＯＫＧが世界で初めて商業ベースの出荷契約を結んだとされる。それから1年以上が経過し、製造時の炭素排出量が少ない水素への関心は一段と高まっている。コストの低さで台頭し始めたピンク水素は、米国を中心に、いずれはほかの製造方式の水素に迫る可能性を秘めている。

水素の普及もコストが妨げに

ピンク以外の低排出水素も、世界各地で生産が活発になっている。再エネ由来のグリーン水素に軸足を置く欧州連合（ＥＵ）は22年に域内での生産拡大の方針を決定した。

欧州委員会は23年３月、グリーン水素を中心とした水素の生産を拡大するため、民間投資を呼び込むことを目的にした欧州水素銀行の構想を発表した。欧州水素銀行は、依然として価格の高いグリーン水素とブラウン水素との生産コストの差額を埋めることで、生産投資を後押しする。欧州域内の生産支援や、輸入を前提とした域外の生産支援など４つの柱を掲げている。

中国は世界最大といわれるグリーン施設での生産を始め、インドもグリーンの生産拡大などを巡り世界銀行からの15億ドルの融資が決まった。

米国では、ブルー水素にも勢いがある。米国では10年以上前から「ＣＣＳ」が税額控除を受け、もともと天然ガスが廉価だったことが影響している。

石油ビジネスからの多角化を進める中東産油国も水素事業に熱心だ。アラブ首長国連邦

（ＵＡＥ）は「世界最大のグリーン水素大国」の目標を掲げ、50年の生産量１５００万トンを柱とする国家戦略を決めた。サウジはグリーン水素と並んでブルー水素にも力を入れている。

こうした世界各国の積極的な取り組みにもかかわらず、二酸化炭素排出量の少ない水素の生産量の割合は小さい。国際エネルギー機関（ＩＥＡ）によると21年は水素全体の１％以下にとどまったという。

普及の妨げになっているのはやはりコストだ。

「ブルー水素はコストが高く、買い手を見つけるのが難しい」。欧米メディアによると、サウジアラムコのアミン・ナセル社長兼最高経営責任者（ＣＥＯ）は、こういう趣旨の発言をした。原油に換算すると１バレル２５０ドルに相当し、足元の原油価格の３倍以上になるという。

既存の水素のユーザーが、グリーン水素への切り替えに慎重になっている面もある。Ｓ＆Ｐグローバルによると、水素の用途の約43％はアンモニアで、主に肥料の原料になる。こうした農業用途では、グレー水素からグリーン水素に変える際に発生する差額を積極的に払う動きは乏しいという。水素メーカーにしても、原料の天然ガスの調達契約は長期の場合が多く、簡単に切り替えられない事情がある。

需要が少ないから、メーカーはリスクの高い大規模な生産への投資を控え、その結果、コストが高止まりする。こうしたジレンマを、国際再生可能エネルギー機関（ＩＲＥＮＡ）は「グリーン水素の卵と鶏の問題」と呼んでいる。

航空機燃料の低炭素化に期待

新たな水素需要を生むと期待の高い分野の1つが航空燃料向けだ。

23年9月、イージージェット、ロールスロイス、エアバスなど英国の航空および再生可能エネルギー分野の大手企業グループが、ゼロカーボン航空の実現を加速するためのアライアンス（HIA）を設立した。水素の供給とゼロカーボン飛行に必要なインフラ作りなどに乗り出す。

エアバスは35年からの商業運航を目指し、新しい水素燃料航空機を開発しているほか、ロールスロイスは22年の地上試験の成功を受け、水素がジェットエンジンに動力を供給できることをすでに証明済みとしている。

コストの低下が需要を生み、供給の拡大につながる好循環に入るにはまだ時間がかかりそうだ。

「2025年にジェット燃料の2％、50年までに70％を持続可能なものにしなければならない」。欧州連合（EU）は23年9月、持続可能な燃料の航空分野での利用を増やすための新法を承認した。30年に6％、35年に20％、40年に34％、45年に42％と段階的に増やす計画だ。

「持続可能な航空燃料」には、合成燃料のほか、藻類、バイオ廃棄物、使用済み食用油などから製造される特定のバイオ燃料が含まれる。廃ガスや廃プラスチックから製造されるリサイクルジェット燃料もグリーンとみなされるという。

航空便の環境性能に関する「ＥＵラベル」を作成し、航空会社は、乗客１人あたりの二酸化炭素排出量などのラベルを付けて航空券を販売できるようになる。「乗客は、同じ路線で異なる会社が運航する航空便の環境パフォーマンスを比較できるようになる」としている。

再生可能エネルギーへの記録的な転換

太陽光、風力など再生可能エネルギー発電は着々と進化している。政策の強力な後押しもあって、温暖化ガス排出量の実質ゼロを目指す50年へ成長神話は続くとみられる。

産業革命から続くエネルギー転換の歴史の中で、22年は再生可能エネルギーにとって象徴的な年と記録されるかもしれない。欧州連合（ＥＵ）で、太陽光、風力の再生エネ発電量が歴史上初めて天然ガスを上回った。米国では太陽光、風量、水力の合計が初めて石炭を上回った。

英国では23年が記録的な年になった。「６月に風力発電所の容量が初めてガスの複合発電所を抜いた」。英発電会社ドラックスは23年９月のリポートでこう指摘した。

過去10年間は、天然ガスが英国で最大の発電容量だったが、それ以前はビクトリア朝時代から

再生エネルギー発電は存在感を増している（ロイター／アフロ）

石炭が首位だったという。ところが、石炭はこの12年間でほぼすべての発電所が休止し発電容量が大きく減少。ガスも、２０１０年以来徐々に衰退し、新しい発電所の建設よりも休止する発電所の方が多くなったという。これに対し、風力発電所は、過去10年間で容量が3倍に増加し、世界で5番目に多くの風力発電所を建設した国になったとしている。

再生エネが化石燃料を逆転する現象は、欧州がロシアからの天然ガスの輸入量が減り、米国は石炭価格の高騰が続いたという事情があるにしても、急成長ぶりをうかがわせる。

今後も政策の強い支援が成長予想に拍車をかける。米国のインフレ抑制法は、約３６００億ドルを再生可能エネルギーのインフラ促進などに投資。欧州は域内の脱炭素投資を後押しするグリーンディール産業計画で後押しする。

【図7–3】世界の発電への投資

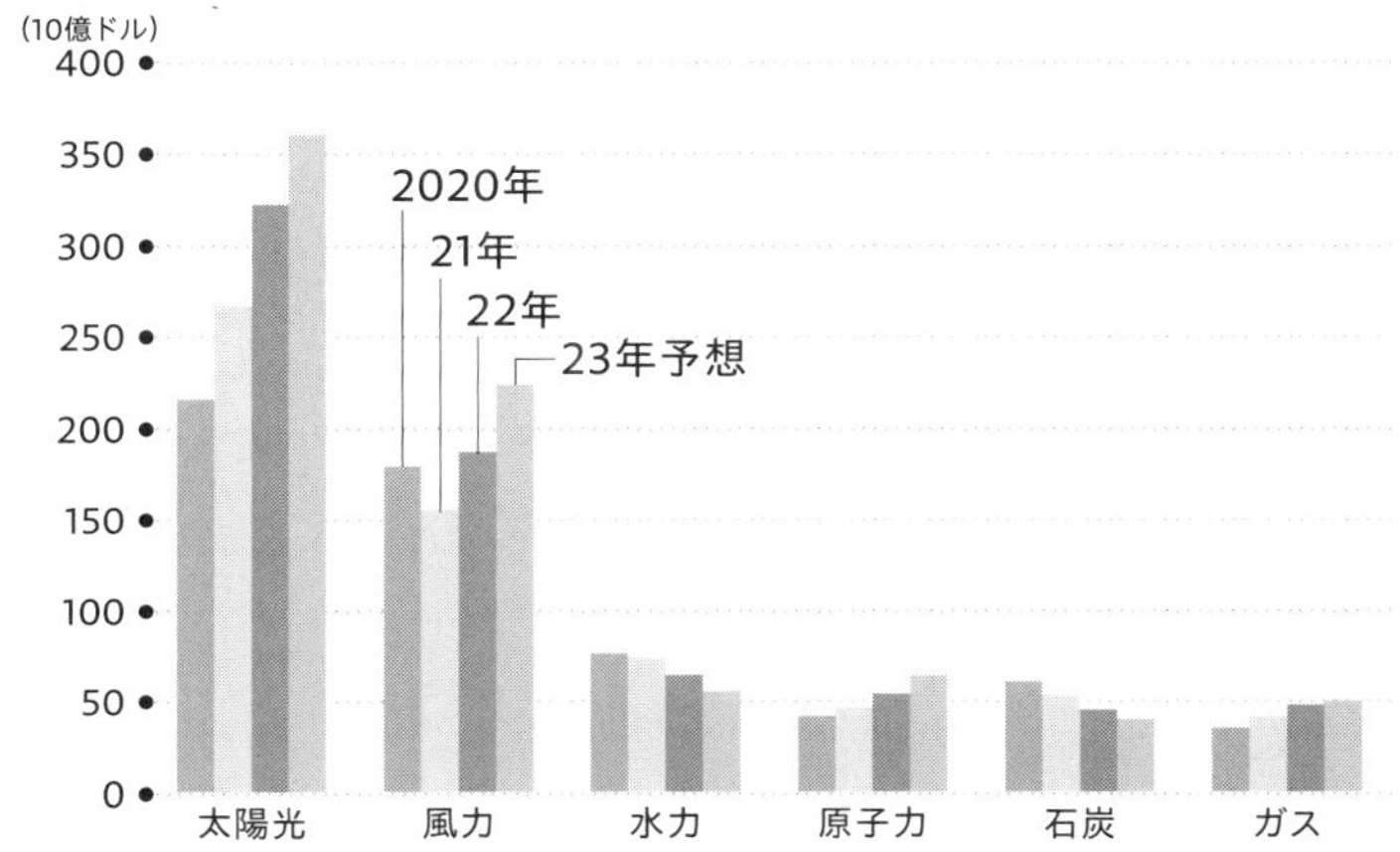

出所：IEA

国際エネルギー機関（ＩＥＡ）の幹部は成長を続ける太陽光発電を「電力市場の女王だ」と表現している。エネルギー分野では長い間、「石炭は王様」と言われてきたが、新しい時代の主役は太陽光だという意味を込めたとみられる。

そのＩＥＡは、23年5月の報告書で「世界のエネルギーの潮流の変化を反映し、23年に太陽光の投資が初めて石油生産への投資を上回る見通しだ」と述べた【図7―3】。

化石燃料への投資は21年から23年に15％増えるが、再生可能エネルギーとＥＶが推進役となってクリーンエネルギー投資は24％増えると予想している。「現在、化石燃料への投資が1ドルとするとクリーンエネルギーには約1・7ドルが投資されている。5年前、この比率は1対1だった」という。

ＩＥＡは欧州のエネルギー危機、米国のインフレ抑制法、中国のグリーンエネルギー推進が後押しして、23年の世界の再生可能エネルギーの新しい発電容量は最大の増加になるとみている。とくに太陽光発電の追加分は、増加全体の3分の2を占める見込みだ。

「再生可能エネルギーの強力な推進役になると期待されている米インフレ抑制法については「24年以降に完全な効果を発揮し、32年までの再生可能エネルギープロジェクトに前例のない確実性をもたらす」とみている。

再生可能エネルギーもやはりコストが鍵

再生エネが一段と普及する鍵もやはりコストの低下にある。いくら政策面の追い風が吹いても、石炭や天然ガスに比べ価格競争力が大きく劣るようだと、電力会社は取り組みに慎重になる。

この10年でみると、再生エネ発電にかかるコストは急速に下がった。陸上風力発電は68％、洋上風力発電は60％、太陽光発電は88％それぞれ低下した（国際再生可能エネルギー機関、ＩＲＥＮＡ調べ）。政策の後押しと技術革新による発電コスト低下の両輪が普及の原動力になった。

長い目で見れば確かに強い追い風が吹いているように見える。しかし、足元には強い逆風が吹き始めている。

23年8月30日、コペンハーゲンの証券取引所で、デンマークの風力発電大手オーステッドの株価が急落した。下落率は約25%で、1年前に比べると4割低い水準になった。

同社は米国の洋上風力発電プロジェクトが部品会社からの供給遅れにより遅延しており、その影響について大きな損失が発生するとの試算を発表した。米国の長期金利の上昇も、洋上風力発電と一部の陸上風力発電に影響しているという。

23年7月には、スウェーデンの大手電力会社バッテンフォールが英国ノーフォークに計画していた洋上風力発電所を中止すると発表した。「インフレと資本コストの上昇はエネルギー部門全体に影響を及ぼしているが、地政学的な状況によって洋上風力発電とそのサプライチェーンはとくに脆弱になっている。全体として最大40%のコスト上昇が見込まれる」としている。

高い成長期待とは裏腹に、22年ごろから市場環境の厳しさが次々と顕在化してきた。

最終赤字は29億3100万ユーロと前年同期の約5倍に膨らんだ——。独シーメンス・エナジーが23年8月に発表した第3四半期決算は、風力発電を取り巻く厳しい現実を見せつけた。

世界最大級の風力タービンメーカーである子会社のシーメンス・ガメサが、陸上風力発電の品質問題や、洋上風力発電に関する製品コストの増加に直面し大幅赤字を抱えたことが大きく響いた。シーメンス・ガメサは22年に約３０００人の従業員削減を発表している。

こうした風力発電会社の苦戦に共通するのは、発電設備に使う金属や資材が高騰し、当初計画していた投資額では不足する事態に陥っていることと、サプライチェーンに制約があることだ。洋上風力発電のコストは現在、陸上風力発電の約2～5倍と言われる。

太陽光、風力は基本的に日が照り、風が吹いた時に発電するため、蓄電設備がないと安定的に電力供給できない。そのため、周辺施設や送電線などへの投資も不可欠で、発電コストの陰に隠れた負担も大きい。

再生エネ企業は長く続いた低金利のもとで調達した資金で、設備投資を実施し成長してきた。ところが、22年の主要国の利上げで、融資の金利も社債の利回りも急上昇し、企業の資金調達コストが膨らんでいる。ＩＥＡの試算では、資金調達コストが２％上がると、太陽光、風力の発電コストを20％増加させるという。

23年６月、ノルウェーの石油大手エクイノールや英石油大手ＢＰが、共同で受注したニューヨーク州沖の洋上風力発電プロジェクトについて、ＮＹ州当局（Nyserda）にコストの負担を理由に契約した価格の見直しを嘆願した。

嘆願書の中で、長期金利上昇の影響についても言及している。「低金利の時に契約を結んだプロジェクトが、現在、大幅に金利が上昇した環境のもとで建設されている。金利上昇はプロジェクトの推進に必要な資本コストに直接的で大きな影響を与える」としている。

NY州当局はこれに対し23年8月公表のリポートで、再生可能エネルギー開発業者らの負担するコストは増加しており、プロジェクトは「経済的に実行可能ではなく、既存の価格設定では建設と運営を進めることはできないだろう」としている。全国的な再生可能エネルギープロジェクトの需要の高まりにより、プロジェクトのコスト構成要素のインフレが悪化していると認めた。

米政府のクリーンエネルギーを後押しする政策は、ミクロレベルで見ると、部品や賃金の上昇につながり、再生エネ業者は負担に耐えられない状況に追い込まれる。仮に今回の業者の請願が認められると、電力料金の値上げにつながり、最終的に消費者の負担が増えることになる。

バイデン大統領は30年までに30ギガワットの洋上風力発電容量という目標を掲げている。

政策の後押しに対し、コストが逆風になるジレンマは環境を巡る様々な分野に共通している。化石燃料から脱却を進め、環境に配慮する方法にシフトすると、高いコストを迫られる。シフトすればするほど、部品や労働力は不足し、負担が増えてしまう。ニューヨーク州で起きていることは、環境ビジネスが抱える問題の縮図でもある。

英国は23年9月、洋上風力発電のオークションで業者からの応札がなかったことを明らかにした。設定された価格を発電業者は低いと判断し、応札を見送ったとみられている。

太陽光発電、陸上風力発電、潮力発電プロジェクトの再生可能エネルギープロジェクトは記録的な数が落札されたのとは対照的な結果になった。政府は「ドイツやスペインを含む国々と同様の結果だ。世界的なインフレの上昇とサプライチェーンへの影響が課題になった」としている。

サプライチェーンにも問題

サプライチェーンの問題はとくに太陽光発電の大きな重荷だ。太陽光発電パネルや部品は生産に占める中国の割合が大きい。中国からの供給が減ると発電設備の増設に直接響くことになる。

米当局は人権問題やダンピングに関し、中国からの輸入に厳しい目を向けている。

21年6月、米国税関国境保護局（CBP）は、中国の新疆ウイグル自治区で太陽光パネルの原料などを製造する企業からの輸入を一部差し止める命令を発表した。製品の生産過程で強制労働があったのが理由。新疆ウイグル自治区は太陽光パネル向けポリシリコンのシェアで世界の約45%を占めると言われる。

中国のダンピング問題では、米政府はとくにベトナムやカンボジアなど東南アジアの第三国を迂回した輸入に神経をとがらせている。

23年8月、米商務省は中国の太陽電池パネルの迂回取引に関する最終調査を発表した。「特定の中国メーカーが反ダンピング、相殺関税の支払いを回避するため、カンボジア、タイ、ベトナムを経由して出荷している」と明らかにした。具体的には、5社が軽微な加工を第三国で行うことで米国関税の支払いを回避しようとしていたという。

しかし、22年の発表で、カンボジア、マレーシア、タイ、ベトナムからの太陽電池部品の輸入に対する新たな反ダンピング関税を2年間停止することになっており、24年まで関税の徴収はない。この措置は、関税を課すと米国内の多くの太陽電池プロジェクトを事実上停止させ、太陽エネルギーの導入を妨げるという、太陽電池パネル輸入業者からの大きな反発を受け、決まった。

商務省は今回の最終調査の中で「米国の太陽電池輸入業者はサプライチェーンを調整し、米国の法律に違反する企業からの調達が行われないようにするための十分な時間を確保することができる」としている。

太陽光発電の関連企業は、サプライチェーンに不透明要因を抱え、新たな建設への投資に慎重になっている。

「世界の洋上風力発電が2030年までに年間導入量が5倍に増加するには、26年までに270億ドルの投資が必要だ」。調査コンサルティング会社ウッドマッケンジーが23年8月に発表したリポートは厳しい状況を指摘した。

リポートでは米国が目指す30年までに30ギガワットの容量を前提として試算したが、世界の政府が計画している増加分の合計は年間80ギガワットで、これを達成するには1000億ドル以上の投資が必要になるとしている。

「各国政府は、脱炭素化とエネルギー安全保障の重要な柱として、洋上風力発電への取り組みを明確にしている。しかし、業者は規模拡大に苦戦しており、変化が起こらなければ脱炭素の目標達成の障害となるだろう」と警鐘を鳴らした。そして「サプライチェーンに直ちに投資しなければ、30ギガワットを達成することさえ非現実的であることが判明するだろう」としている。

洋上風力発電業者が抱える問題について、15年に供給過剰で収益性が低下した経験があり、投資計画に慎重になっていることを挙げた。製造能力の拡大に資金を供給する能力が妨げられており、最終的にはこの分野のイノベーションが停滞していると指摘した。

産業革命以来を振り返ると、エネルギー源の交代が起きるときは、コストが決め手になってきた。風力、太陽光が主役になるにはまだ時間がかかるという見方は根強い。

世界の石炭需要はなお健在

21年11月、第26回国連気候変動枠組み条約締約国会議（COP26）が成果文書「グラスゴー気候合意」を採択した。石炭火力発電の利用については「段階的な廃止」で合意できず、「段階的な削減へ努力」することになった。

石炭火力発電の需要はなお残る（AP／アフロ）

その後の進展はどうだろうか。グローバル・エナジー・モニターなどが23年4月に発表したリポートが22年の石炭発電所の状況について分析している。

それによると、22年に「石炭回帰」という臆測が浮上したが、石炭が終焉《しゅうえん》に向かっていることは間違いないとしている。

「世界で稼働中の石炭火力発電の設備容量の3分の1に閉鎖期日が設定され、残りの容量にはカーボンニュートラルの目標が設けられている。10年前にはとても考えられなかった現状だ」と評価した。

その一方で、「石炭火力発電所を段階的に廃止するスピードはパリ協定の目標を達成するのに十分とは言えない」と警鐘を鳴らした。新設の石炭火力発電所はパリ協定締結以降、開発件数の3分の2が中止となったが、いまだに33カ国で新設が提案されているとした。進展と停滞が入り交じっている状況だ。

脱炭素時代に最も削減すべきとされる石炭だが、意外に健在だ。

スイスの資源大手グレンコアが発表した２０２２年決算は純利益が１７３億２０００万ドルと前年同期の２・５倍になった。ロシアによるウクライナ侵攻でエネルギー不足から石炭価格が高騰したことが主な要因だ。石炭価格は22年には21年末に比べ最大で約３倍に跳ね上がる場面もあった。

コンサルティング会社ＰｗＣによると、22年に世界の資源大手40社の売上高は７１１０億ドルで、そのうち石炭会社の占める割合は28％と、２０１０年以来となる最大の寄与度になった。石炭ビジネスを縮小しているはずの資源会社が、軒並み石炭高の影響で、好業績を発表したことは、再生可能エネルギーが盛んになっても、石炭の位置づけが大きく変わっていないことを示している。脱炭素へ向かう理想と、依然として石炭の恩恵を受ける現実には、まだ大きなギャップがあるのかもしれない。

「クリーンエネルギー源の需要が高まっているにもかかわらず、石炭の使用量は２０２２年に３・３％増の83億トンと過去最高を記録し、世界の発電量の約36％を賄っている」。ＩＥＡは23年７月、こんな報告を発表した。

米国と欧州連合（ＥＵ）は23年上半期の石炭需要が従来予想よりも早く減少し、それぞれ24％、16％減った。ところが、２大消費国である中国、インドの需要は上半期に５％以上増加し、他の

【図7-4】世界の石炭消費量

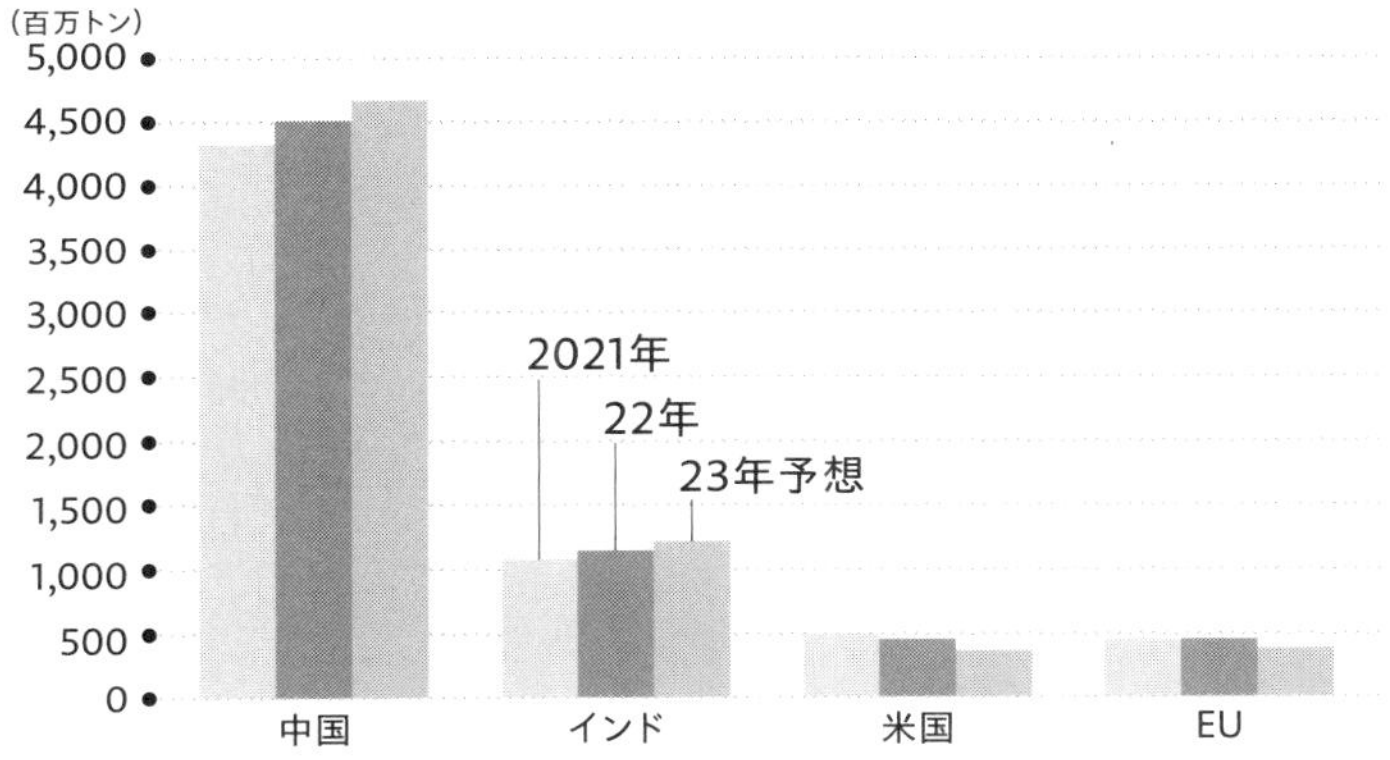

出所：IEA

地域での減少を補って余りあるものだったとしている。

23年通年も同じ状況だ。世界の石炭需要は過去最高を更新し、前年比0・4％増の83億8800万トンに達すると予想している。米国とヨーロッパが減少を主導し、中国とインドが相殺する構図は変わらない【図7－4】。クリーンエネルギーの成長により石炭の使用は構造的に減少しているが、エネルギー安全保障への懸念により需要は継続するとみている。

IEAによると、最大の石炭消費国の中国は、23年は水力発電量が非常に少なく、これを補うために石炭に大きく依存し上半期の需要は前年同期比で5・5％増えた。インドの年間の石炭需要は5％増加と予想している。「アジア諸国の多くが再生可能エネルギー源を大幅に増やしているにもかかわらず、需要が依然として高いままだ」としている。

石炭の需要の見通しは

世界の研究機関や業界団体からは悲観的な見方が聞こえている。

英国に本拠を置く世界的業界団体のエネルギー協会（ＥＩ）は23年のリポートで「電力部門における風力と太陽光のさらなる力強い成長にもかかわらず、世界全体のエネルギー関連の地球温暖化ガス排出量は再び増加した」「私たちは依然としてパリ協定が要求する方向とは逆の方向に進んでいる」と指摘した。

エネルギーシンクタンクのエンバーによると、Ｇ20加盟国の石炭関連の二酸化炭素排出量は、１人当たりに換算すると15年以来９％増加した。「Ｇ20は世界の排出量の80％を占めており、１人当たりの排出量は世界平均の二酸化炭素１・１トンに対し、１・６トンに達した」という。最大のシェアを占めているのは中国ではなく、オーストラリアと韓国だと指摘した【図７－５】。世界が50年までに実質ゼロエミッションを達成するために、脱炭素化への努力がさらに必要だとしている。

世界の石炭火力発電所は計画的に廃止する方向に進んでいる。ところが、実際には電力供給に

【図7-5】石炭発電の1人当たりの排出量（2022年）

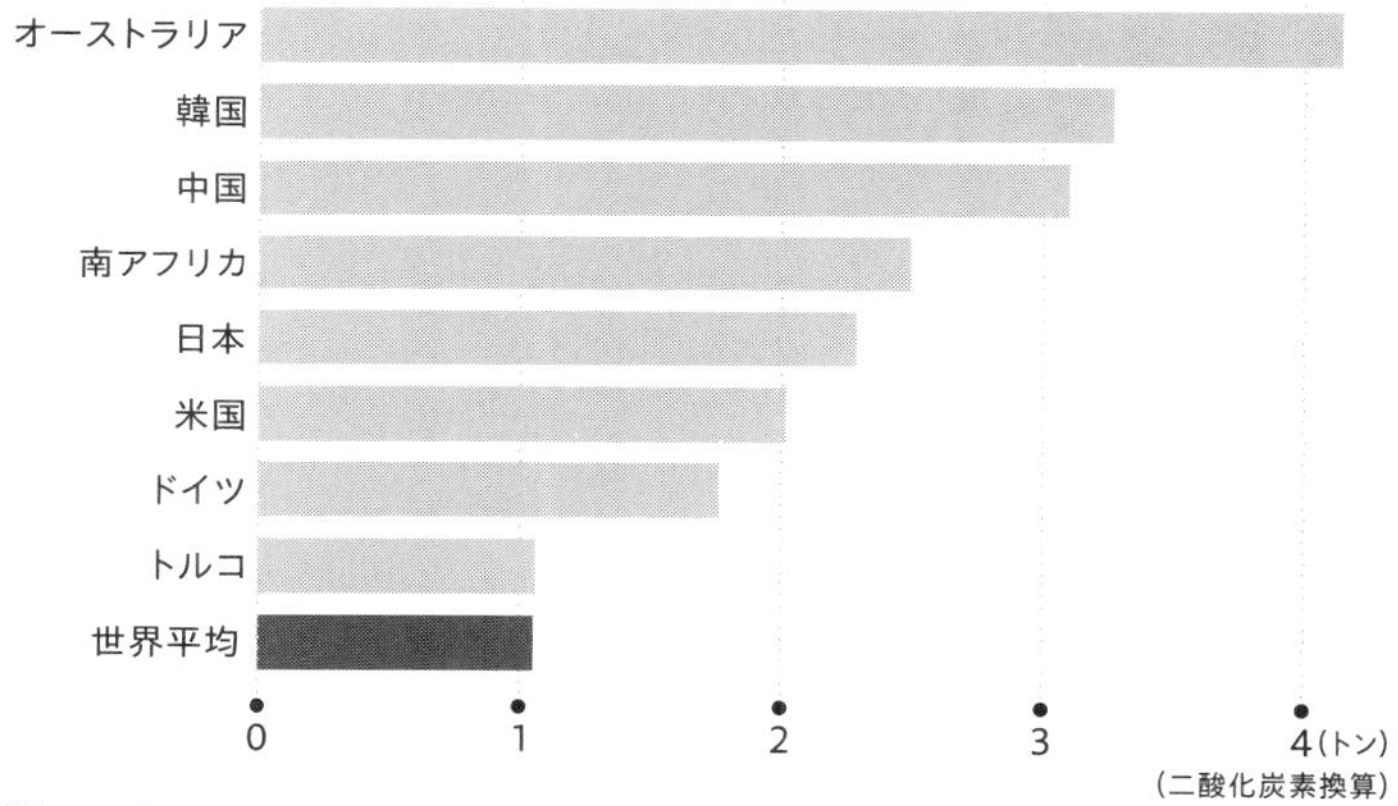

出所：エンバー

対する懸念から延期する例が出てきている。

オーストラリアのニューサウスウェールズ州政府は23年9月、最大の石炭火力発電所であるエラリング発電所が計画していた閉鎖時期を超えて稼働する可能性があると発表した。

最近の調査によって、今後数年間に電力供給の信頼性に課題があることが判明したとしている。オーストラリアは33年までに多くの石炭火力発電所を廃止し、再生可能エネルギーを進める計画だが、エネルギー転換を急ぐと電力不足に直面することが懸念されている。

脱炭素への影響に懸念

グリーン鉄鋼、グリーン水素、再生可能エネルギーといった期待の高い環境ビジネスは、直線的に導入が進むかに見えたが、実際にはコストという大きな壁に直面している。政府による補助金という支えがあるにしても、基本的には推進するのは企業で、コストを度外視することはできない。

各国政府は予算の範囲内で洋上風力発電を進めたいと考えても、資材や人件費が高騰する中、企業は参入に慎重にならざるを得ない。

こうしたミクロレベルの状況を、50年の地球温暖化ガス排出量の実質ゼロを目指す大きな枠組みで考えると、想定通りに脱炭素が進むだろうかという懸念が生じる。再生可能エネルギーやEVの普及を前提にしていた脱炭素の計画の見直しを迫られることになる。

さらに、石炭発電など後退するとみられた化石燃料の利用が長続きすることになり、結果的に排出量が増加する懸念につながる。

ESG投資や環境関連の金融商品が「反動と反省の22年」に後退を迫られたことを見てきたが、再生可能エネルギーの分野では、22年以降、コスト高が重荷となってのしかかっている。環境ビジネスは、強化する動きが強まるほど、金属や資材の需要が増え、コスト上昇につながり、それがビジネスへの逆風となって戻ってくるジレンマに直面している。

第8章

コモディティーからの警鐘

環境投資のジレンマ
反ESGの流れはどこに向かうのか

環境投資には制度上の問題が逆風になり、環境ビジネスにはコスト高がのしかかっていることをみてきた。そうした中で、金属や鉱物などのコモディティー相場が動き始め、先行きの脱炭素の動きに警鐘を鳴らしている。

銅はグリーン経済の指標に

再生可能エネルギーやＥＶの普及に、金属価格の高騰が足かせになるとの指摘が増えている。原油や石炭など化石燃料からエネルギーが転換するには、大量の銅、アルミ、ニッケル、リチウムを必要とする。こうした鉱物は産出国が偏っており、安定的に供給量を確保するのが難しい。

ロンドン金属取引所（ＬＭＥ）の銅先物相場。23年は1トン８０００ドル台の落ち着いた水準での取引が目立ったが、中長期的にみると底堅い展開になっている【図８－１】。10年単位でみると、15年ごろには４０００ドル台で推移していたが、市場ではその水準まで戻るという予想は聞かれない。なぜ、銅先物相場は大きく崩れないのだろうか。

銅の需要がＥＶ向けをはじめとする「グリーン経済」にシフトし、景気動向に左右されにくい構造になってきたとの見方がある。

もともと銅の価格は世界の国内総生産（ＧＤＰ）と連動性が高い。住宅、家電、自動車と用途

【図8-1】銅先物相場は長期的には底堅く推移
（年末値、ロンドン金属取引所）

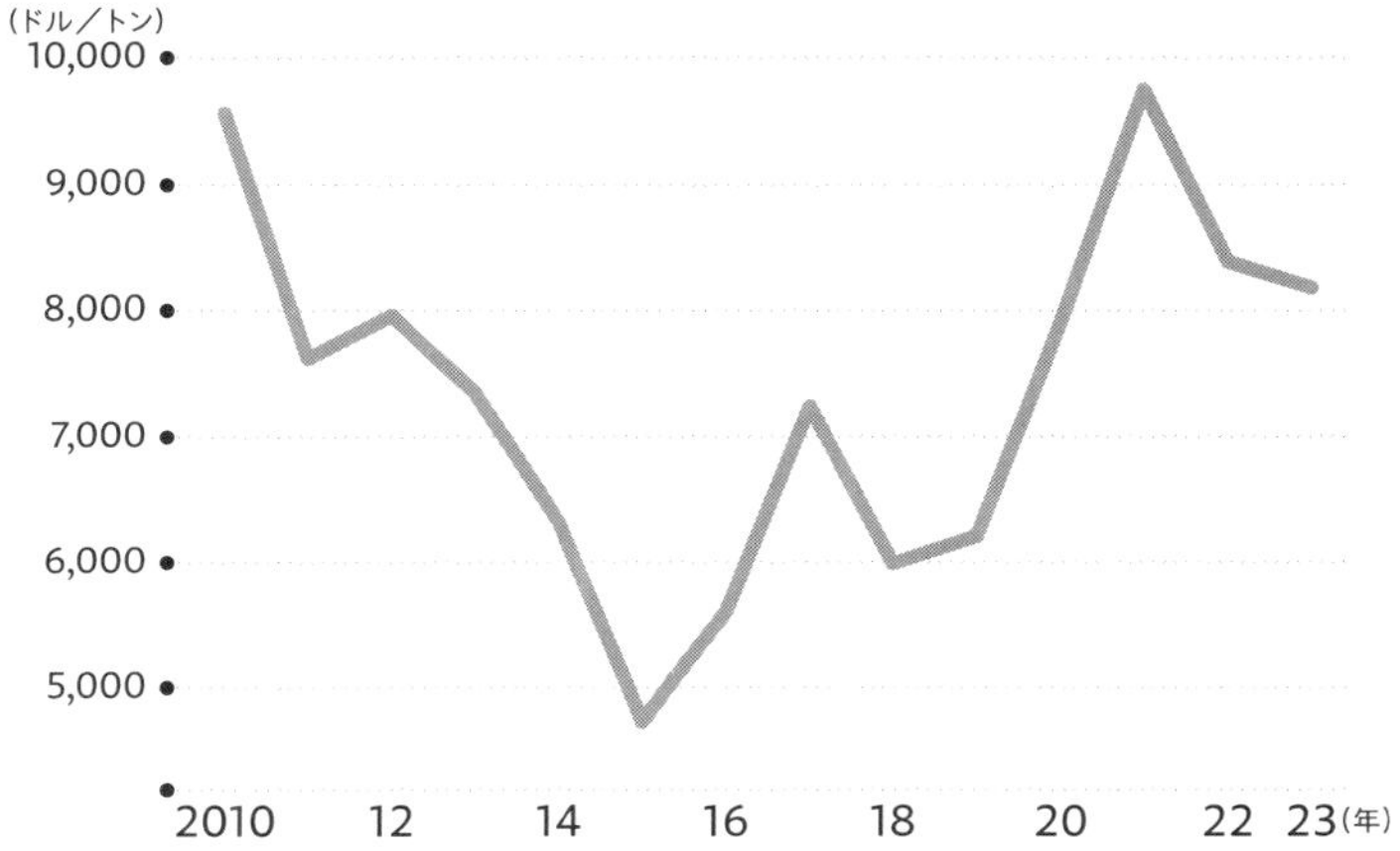

注：23年は8月16日

が広く、景気と連動しやすい。そのため景気実態を映す「ドクター・カッパー」とも呼ばれてきた。

ところが最近、その連動性が薄れる傾向が見え始めた。「銅の景気への感応度が低下している」。バンク・オブ・アメリカ証券は23年8月のリポートでこう指摘した。

世界が温暖化ガス排出量の実質ゼロを目指して進む中、産業のグリーン志向が銅の需要構造を変えた。中国でもＥＶ向けなどが伸びたため、景気循環に影響されにくくなっているという。グリーン経済の動向を色濃く映すため、今では「ドクター・グリーン」の方がふさわしい異名だとしている。

世界の銅の需給見通しもこうした見方を

裏付ける。国際銅研究会（ＩＣＳＧ）によると、需要は22年の２６０７万トンに対し、23年に１・４％、24年に２・８％それぞれ伸びる。その中には中国の需要の増加も含まれる。この結果、23年には世界は供給不足になると予想している。

その先の需給については、コンサルティング会社のマッキンゼー・アンド・カンパニーは再生可能エネルギーの需要が増え、31年には６５０万トンが不足するとみている。

非鉄需要が原油需要を左右

供給面の大きな懸念材料は最大産出国チリの減産傾向だ。国営銅公社コデルコは爆発事故も影響し23年の生産量見通しを１３５万～１４５万トンから１３１万～１３５万トンに下方修正。チリ全体でみても伸び悩みは鮮明だ。

世界の銅鉱山は油田と同じジレンマに直面している。鉱山は掘り進めると、鉱石に含まれる銅の割合が減り、生産の効率低下と品質の低下が避けられない。油田が長年の掘削によって生産量が減少するのと同じ構図だ。

一方で、鉱山会社の開発投資は環境破壊への批判もあって絞る傾向にあり、新しい銅鉱山の開発は遅れがちだ。銅の主要産出国が資源ナショナリズムの傾向を強めていることも開発を進める

【図8–2】脱炭素の進捗と資源価格のイメージ

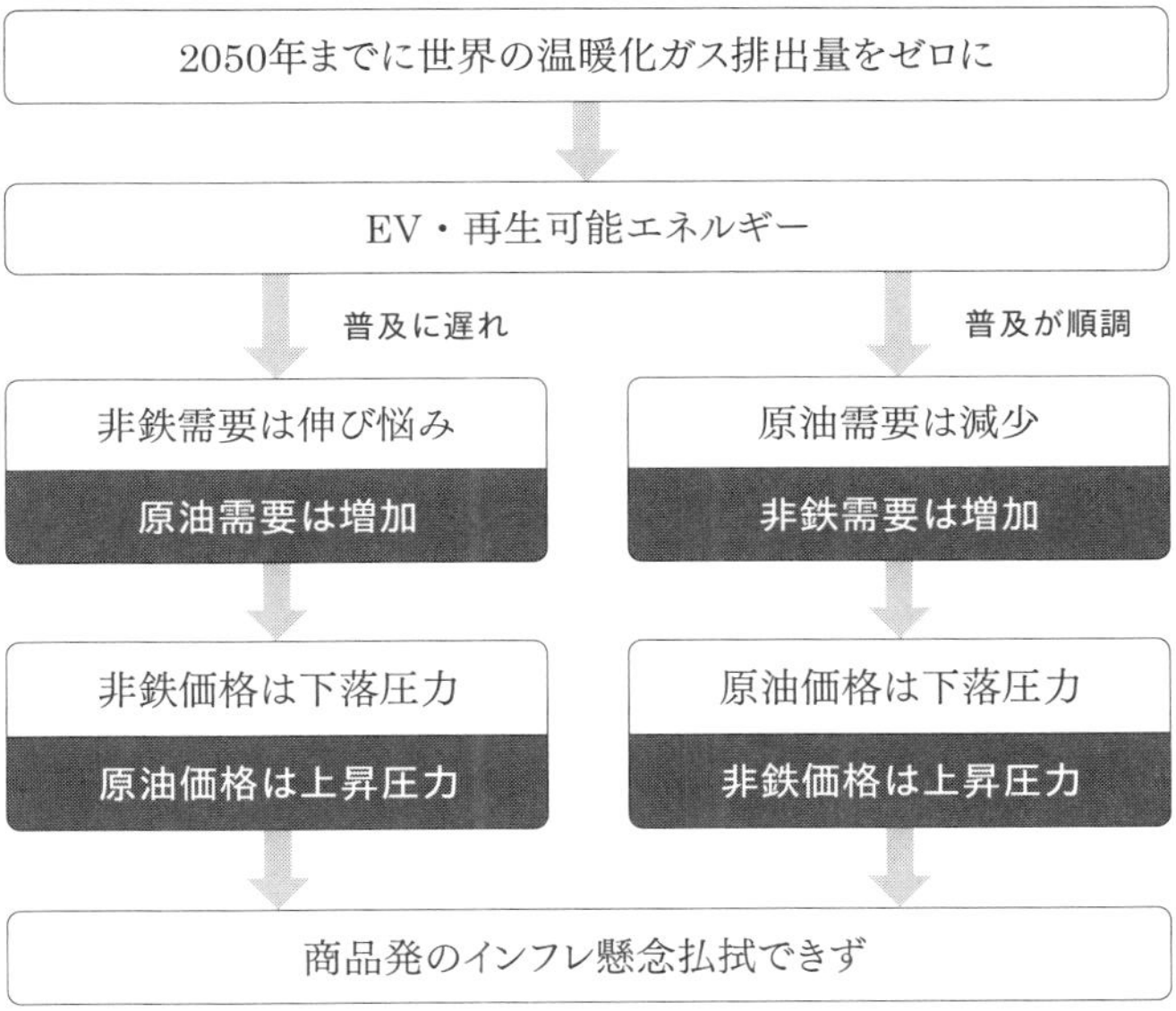

うえで課題になっている。

銅やアルミなど非鉄金属の長期的な需要予想は、原油の需要を左右する。

脱炭素への取り組みとして各国はEVと再生可能エネルギーに力を入れているが、普及が遅れるのか、順調に進むのかで、2つのシナリオが考えられる【図8－2】。

まず、EVや再生エネ発電の普及が想定より遅れるシナリオでは、使用する銅やアルミニウムなど非鉄金属の需要は大きく増えない。逆に原油は依存が続くため、需要が想定より増える可能性がある。業界では「石油と天然ガスは2050年まで世界のエネルギー需要を満たすのに重要な役割を果たす」（米石油大手エクソンモービル）という見方もある。このシナリオのもとでは、非鉄金属相場は伸び悩み、原油価格には上昇圧力がかかることになる。

ＥＶや再生エネ発電が順調に普及するシナリオでは、原油への依存度が下がり、ＥＶなどで使用する非鉄金属の需要は大きく増えると予想される。銅については「需要がＥＶ、太陽光発電、風力発電などの分野で拡大し、深刻な供給不足になる」（Ｓ＆Ｐグローバル）という予想もある。原油価格には下落圧力がかかり、非鉄金属の価格には上昇圧力がかかることになる。

どちらのシナリオに進むにしても、原油と非鉄金属の一方に価格の上昇圧力がかかることになる。この結果、長い目でみてインフレ懸念は払拭されにくくなり、実体経済にマイナスになる可能性がある。

米インフレ抑制法が需要を後押し

22年８月に米国で成立したインフレ抑制法が、再生可能エネルギーやＥＶの普及に拍車をかけ、非鉄金属の需要を飛躍的に増やす可能性が指摘されている。

Ｓ＆Ｐグローバルは23年８月のリポートで「２０３５年のエネルギー転換に伴うリチウム、ニッケル、コバルトの需要は21年に比べ23倍、銅は２倍になる」と予想した。

そのうえで、S&Pグローバル副会長のダニエル・ヤーギン氏は「インフレ抑制法が需要面で確かに変革をもたらすことを示しているが、増大する需要に応え、エネルギー転換を加速するという目標を達成するために必要な重要な鉱物の供給を確保するという課題は依然として残っている」としている。

まず、インフレ抑制法で税額控除の資格を得るには、鉱物の加工などが米国か、米国と自由貿易協定（FTA）を結んでいる国で行われる必要があり、この条件を考慮すると、「米国に十分に供給される可能性が高いのはリチウムだけだ」としている。

コバルトはFTAを結んでいる国で十分に生産されているが、米国は現在、大部分をそれらの国から調達しておらず、資源の国際的な調達競争を考えると厳しいという。そして供給が最も困難と予想されるのは、FTAを結んでいる国で生産量が少ないニッケルだとしている。

銅はエネルギー移行関連の需要の高まりが国内の供給を上回っているため、輸入への依存度をさらに高めるだろうと予想。米国は精錬銅の輸入の60%をチリに依存しており、ほかの国と競合になれば、チリからの追加供給を確保するのに苦労する可能性があるとみている。

インフレ抑制法に基づいて、資源を確保する動きは確実に始まっている。米国防総省は23年9月、米リチウム大手アルベマールと米国内のリチウム採掘・生産の拡大を支援する協定を締結した。9000万ドルの協定で、インフレ抑制法により充当された資金を利用するという。アルベマールが計画しているノースカロライナ州のキングス・マウンテン鉱山の再開を支援し、米国内の電池サプライチェーン向けのリチウムの国内生産を増やすのが目的としている。

ＥＶ普及の鍵の１つは、リチウムイオン電池が握っているが、そのためにはリチウムを確保することが不可欠だ。

ＥＶの生産拡大を急ぐ中国は、アフリカとラテンアメリカの新興市場で動いている。Ｓ＆Ｐグローバルの23年８月のリポートによると、18年以降に買収提案のあった１億ドル以上の20のリチウム企業、プロジェクトのうち、中国企業が半分を確保したという。２位のオーストラリア企業は５つの鉱山の確保にとどまっており、中国が精力的に動いていることが分かる。

リチウムに新技術の光明

米ＥＶ大手テスラを筆頭に、世界の自動車メーカーもリチウムの調達先開拓にしのぎを削っている。いまのままの生産体制では急増する需要に追いつかなくなるとの予想もある中で、最近、効率的に生産する新しい技術が注目され始めた。

「ゲームを変える可能性のある技術」。米証券大手ゴールドマン・サックスは23年４月のリポートで、新技術をこう評価した。原油の分野で米国のシェール石油が供給を伸ばしたように、リチウムも生産量を倍増させることができ、プロジェクトの収益も改善できるのだという。

リチウムの生産はこれまで鉱石から採掘するか、塩湖や地層の中の塩水から精製する方法が主流だった。ところが、塩水を利用する方法では、巨大な池にためた水を自然に蒸発させるのに長い時間がかかるため、大量生産が難しく、世界の需給が逼迫する一因になっていた。

新技術は「直接リチウム抽出法（ＤＬＥ）」と呼ばれる。単純化すると塩水をフィルターや吸着膜を通し、リチウムを抽出する。従来の方法に比べて、精製にかかる時間を大幅に短縮することができ、コストを削減することや、環境破壊、汚染を減らすこともできるという。

米国地質調査所は、この技術によってリチウムの世界の埋蔵量の7割を掘り起こすことができるとみている。ＤＬＥを使った商業規模のプロジェクトは２０２５年に稼働を開始し、世界の供給の10％以上を担うとの見方もある。

ＤＬＥの活用に向け、電池メーカーや自動車メーカーは動き出している。欧米メディアによると、主要産地のチリでは、ＥＶ電池向けリチウム大手の米アルベマールがＤＬＥを使い採掘事業を拡張する見通し。米ゼネラル・モーターズ（ＧＭ）は23年4月、ＤＬＥ技術を持つスタートアップ企業の米エナジーＸと提携した。争奪戦になりつつあるリチウムの確保に先手を打つ。

国際エネルギー機関（ＩＥＡ）によると、17年から22年の間に世界のリチウムの需要は3倍に増えた。リチウムは主要産地がオーストラリア、チリ、中国、アルゼンチンに偏っていて、一気に生産を増やしにくい状況にあった。新技術の実用化で生産効率を改善し、増産に道筋をつければＥＶの普及に弾みがつくことにつながりそうだ。

原発にウラン高騰の懸念

原子力発電への関心が再び高まっている。スウェーデンは２０４５年までに増設する方針を明らかにするなど、電力需要の増加に対応する国が増えている。

国際エネルギー機関（ＩＥＡ）は「原子力エネルギーの新たな夜明け?」と題するリポートで、「今日の世界的なエネルギー危機の中で、輸入化石燃料への依存を減らすことがエネルギー安全保障の最優先事項となっている」としたうえ、風力発電と太陽光発電は化石燃料に代わる推進の先頭に立つと予想されるが、それを補完するために原子力発電が必要だとしている。

原子力発電が増えるという予想がある一方で、燃料ウランは十分に確保できるのかという懸念も浮上している。ウラン価格の高騰が先行きの懸念材料になっている。

カナダのカメコによるとウランのスポット価格は21年の後半ごろから上昇基調になり、23年8月時点では21年1月の2倍の水準にある【図8－3】。

天然資源の投資会社ゲーリング・アンド・ローゼンクワイフは23年9月のリポートで、「ウラン

【図8-3】ウランのスポット価格

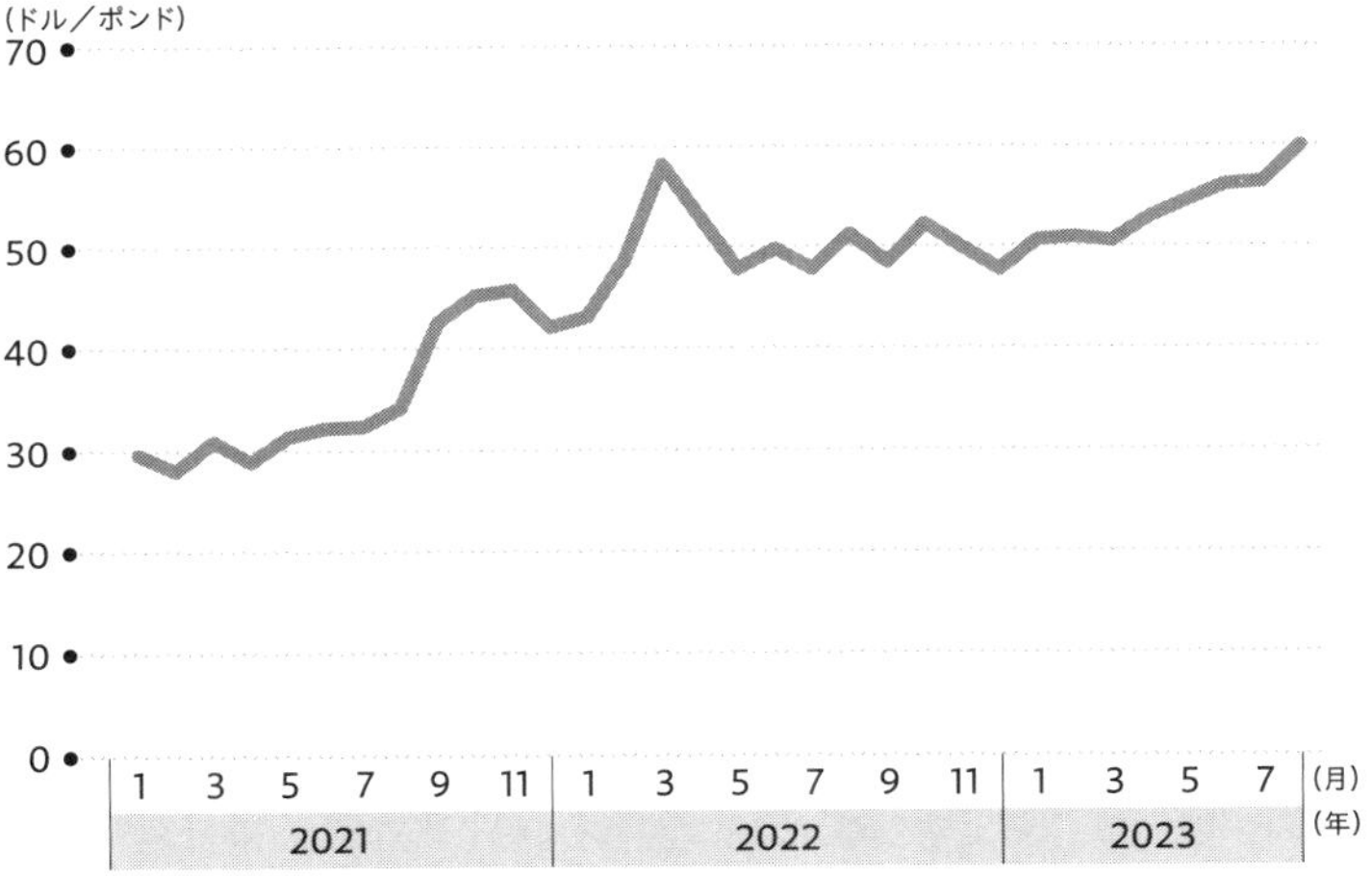

出所：Cameco

の構造的な不足は2021年以降劇的に加速している」と指摘した。22年のロシアのウクライナ侵攻により、欧州の天然ガス供給が危機にさらされたうえ、再生可能エネルギーの欠点も浮き彫りになった結果、原子力発電の需要が増えたという。

さらに、ウランに投資するカナダのSprott Physical Uranium Trustが21年7月に立ち上がり、投資目的の需要が加わったことも需給に影響しているとみている。

ゲーリング・アンド・ローゼンクワイフは、20年代の終わりには、世界のウラン市場は前例のないレベルまで逼迫するとしたうえで、現在建設中の原子量発電所の需要が増える分を考えると、「すべての商業備蓄が枯渇する可能性がある」と分析している。

ウランの価格は長い間、世界的な需要低迷を受け軟調に推移してきた。この間にウランの鉱山会社は採算が合わず投資を先送りしたため、埋蔵量の減少や新規開発の停滞が起きたことも影響している。

「今後、数年間に予想される需要に供給が追いつかない状況にある。ウランは10年にわたる強気相場の始まりにある」（投資調査会社のオレゴングループ）という見方もある。

ウランの世界生産量の４割以上はカザフスタンが握る。隣国ロシアとの関係もあり、地政学リスクにも警戒が必要になる。

世界原子力協会（ＷＮＡ）は23年の需要は約６万５６５０トンウランと推定、今後の需要について、基準となるシナリオでは40年に約13万トンウランに倍増すると予想している。最も多く増えるシナリオでは18万４３００トンウランと２・８倍、少ないシナリオでは８万７０００トンウランと約３割増える。いずれにしても右肩上がりの需要拡大が続くとみている。

数年前までそれほど注目度の高くなかった金属の相場が、市場参加者だけでなく、電力業界や自動車業界で最大の関心事の１つになっている。とくにリチウムは一時、供給過剰に陥り破綻する企業が出たにもかかわらず、今では争奪戦になっている。

ウランも原子力発電から撤退する動きがあり、一時は価格が低迷したが、ロシアによるウクライナ侵攻でエネルギー危機が意識される中、再び高騰し始めた。

脱炭素シナリオに複合的な視点

大きな全体像の中でみると、再生可能エネルギーとＥＶの普及を後押しする政策が、銅、アルミ、ニッケルからリチウムの需要を拡大し、その結果、コスト高となって跳ね返り、普及にブレーキをかけかねない事態が起きている。

脱炭素のシナリオを描くとき、直線的に右肩上がりで推移するとの予想は修正を迫られている。金属相場の動向を視野に入れないと正確なシナリオを描けなくなった。

化石燃料を使う発電に代わって風力、太陽光発電を増やそうとしても、金属の供給が追いつかないと十分に移行できない。その分を原子力で補おうとしても、ウランの高騰が妨げになる。その結果、化石燃料への依存が大きく減らない袋小路にはまってしまう。

金属、再生可能エネルギー、ＥＶ、化石燃料は１本の糸でつながっている。繊細なガラス細工のように、１つがうまくいかないとドミノ倒しでほかに波及する。複合的な視点で脱炭素を考える必要があるだろう。

エピローグ

ある席で、石油会社の元幹部の方から「日本は安定して石油を確保できるだろうか。戦前のような事態にならないだろうか」という心配の声を聞いた。

企業の環境対策は重要だ。ところが、原油の需要は予想通りには減っていない。欧米の石油会社はそのことを分かっている。日本はこうした現実を冷静に見て、輸入のパイプを手放さないようにしないと、いずれしわ寄せが来るのではないかと言うのだ。

ビジネスの最先端で世界の動きを見てきた人は、半ば本能的に虚と実を見分ける。虚に踊らされては、ビジネスの失敗につながるからだ。

本書は環境投資の分野で起きた「疾風怒濤の21年」と「反動と反省の22年」を振り返った。「疾風怒濤の21年」には、環境のためと称賛された仕組みの中に、不透明さや欠陥が紛れ込んでいることが明らかになったものもある。

いま振り返ると、シナリオの書き手も、振付師も、役者も、こうした不透明さや欠陥に最初から気づいていたのではないだろうか。ビジネスの現場は虚と実を嗅ぎ分けることができるからだ。気づいていながら、時代の空気に乗った方が利益につながった面もあっただろう。

その意味では、22年の反動と反省は必然的な着地点だった。様々な問題点があぶり出され、改善に取り組むことが急務との機運が高まった。脱炭素に向けて再出発するためには必要なステップだったかもしれない。

50年に温暖化ガス排出量を実質ゼロにする取り組みには、投資マネーの貢献が欠かせない。マネーを正しい方へ向かわせる仕組み作りはまだ始まったばかりだ。今後の展開から目が離せない。

【第８章】

・Coppers beta to GDP growth is declining（BofA GLOBAL RESEARCH、2023年8月8日）
・Copper Market Forecast 2023/2024（The International Copper Study Group、2023年4月28日）
・Bridging the copper supply gap（McKinsey & Company、2023年2月17日）
・Inflation Reduction Act: Impact on North America metals and minerals market FINAL REPORTS（S&P Global、2023年8月）
・DoD Enters Agreement to Expand Domestic Lithium Mining for U.S. Battery Supply Chains（U.S. Department of Defense、2023年9月12日）
・China's global reach grows behind critical minerals（S&P Global、2023年8月24日）
・Direct Lithium Extraction: A potential game changing technology（Goldman Sachs、2023年4月27日）
・The Uranium Bull: Defying Trends and Redefining Energy Markets（Goehring & Rozencwajg、2023年9月14日）
・The Uranium Bull Market and the Coming of the Second Atomic Age（The Oregon Group）
・The Nuclear Fuel Report Global Scenarios for Demand and Supply Availability 2023-2040（the World Nuclear Association）

Energy Agency 2023年）
・Ørsted announces anticipated impairments on its US portfolio, continues to progress projects（2023年8月30日）
・Interim report January-June（Vattenfall、2023年7月20日）
・Earnings Release Q3 FY 2023: Serious ramp-up challenges in the wind business overshadow excellent performance in conventional energy business（Siemens Energy、2023年8月7日）
・BEFORE THE PUBLIC SERVICE COMMISSION STATE OF NEW YORK In the Matter of Offshore Wind Energy VERIFIED PETITION FOR EXPEDITED APPROVAL OF ENHANCED OFFSHORE RENEWABLE ENERGY CREDITS EMPIRE OFFSHORE WIND LLC AND BEACON WIND LLC（2023年6月7日）
・NYSERDA COMMENTS ON PETITIONS REQUESTING PRICE ADJUSTMENTS TO EXISTING CONTRACTS（The New York State Energy Research and Development Authority、2023年8月25日）
・Record number of renewables projects awarded government funding（GOV.UK、2023年9月8日）
・The Department of Homeland Security Issues Withhold Release Order on Silica-Based Products Made by Forced Labor in Xinjiang（U.S. Customs and Border Protection、2021年6月24日）
・Department of Commerce Issues Final Determination of Circumvention Inquiries of Solar Cells and Modules from China（2023年8月18日）
・Federal Register / Vol. 87, No. 179 / Friday, September 16, 2022 / Rules and Regulations
・US$ 27 billion investment required to mobilise global offshore wind supply chain（Wood Mackenzie、2023年8月17日）
・Boom and Bust Coal 2023（TRACKING THE GLOBAL COAL PLANT PIPELINE Global Energy Monitor, CREA, E3G, Reclaim Finance, Sierra Club, SFOC, Kiko Network, CAN Europe, Bangladesh Groups, ACJCE, Chile Sustentable、2023年4月）
・Preliminary Results 2022（Glencore、2023年2月15日）
・Mine 2023:20th edition The era of reinvention（PwC、2023年6月）
・Global coal demand set to remain at record levels in 2023（The International Energy Agency、2023年7月27日）
・2023 72nd edition Statistical Review of World Energy 2023（the Energy Institute、2023年）
・G20 Per Capita Coal Power Emissions 2023（Ember、2023年9月5日）
・NSW Government rescues the Energy Roadmap to deliver the transition to renewables（2023年9月5日）

・Anglo American partners with H2 Green Steel to advance low carbon steelmaking（2023年4月4日）
・European Green Steel Market: Analysis & Forecast with Impact Analysis of COVID-19 and Forecast up to 2028（Research and Markets）
・Green Steel Market Size To Hit USD 6,24,414.85 Mn By 2032（Precedence Research）
・Graham Kerr CEO and MD South32 27 April 2023（The Melbourne Mining Club）
・Competitiveness of Global Aluminum Supply Chains Under Carbon Pricing Scenarios for Solar PV（The World Bank、2023年3月13日）
・Fact Sheet: Biden-Harris Administration Advances Cleaner Industrial Sector to Reduce Emissions and Reinvigorate American Manufacturing（THE WHITE HOUSE、2022年2月15日）
・Aluminum decarbonization at a cost that makes sense（McKinsey & Company、2023年4月20日）
・Paying a Premium for "Green Steel": Paying for an Illusion?（Per-Olov Johansson and Bengt Kriström、2022年11月2日、Cambridge University Press）
・Constellation Starts Production at Nation's First One Megawatt Demonstration Scale Nuclear-Powered Clean Hydrogen Facility（2023年3月7日）
・2023 Levelized Cost Of Energy+（Lazard）
・Joint Study with Sumitomo Corporation shows that Rolls-Royce SMRs could help 'power' the UK's hydrogen network（Rolls-Royce SMR、2023年6月14日）
・COMMUNICATION FROM THE COMMISSION TO THE EUROPEAN PARLIAMENT, THE COUNCIL, THE EUROPEAN ECONOMIC AND SOCIAL COMMITTEE AND THE COMMITTEE OF THE REGIONS on the European Hydrogen Bank（European Commission、2023年3月16日）
・Gray hydrogen customers slow to go green, so US developers chase overseas demand（S&P Global、2023年6月12日）
・GREEN HYDROGEN FOR INDUSTRY A GUIDE TO POLICY MAKING（The International Renewable Energy Agency、2022年）
・World Energy Investment 2023（The International Energy Agency、2023年5月）
・UK hydrogen alliance established to accelerate zero carbon aviation and bring an £34bn annual benefit to the country（Airbus、2023年9月5日）
・70% of jet fuels at EU airports will have to be green by 2050（European Parliament、2023年9月13日）
・April to June 2023 Electric Insights Quarterly（Drax）
・Renewable Power Generation Costs in 2022（The International Renewable

（2023年7月25日）
・SEC Charges BNY Mellon Investment Adviser for Misstatements and Omissions concerning ESG Considerations（The Securities and Exchange Commission、2022年5月23日）
・SEC Charges Goldman Sachs Asset Management for Failing to Follow its Policies and Procedures Involving ESG Investments（The Securities and Exchange Commission、2022年11月22日）
・Proposal for a DIRECTIVE OF THE EUROPEAN PARLIAMENT AND OF THE COUNCIL on substantiation and communication of explicit environmental claims（Green Claims Directive）（European Commission、2023年3月22日）
・EU to ban greenwashing and improve consumer information on product durability（European Parliament、2023年9月19日）
・SEC Adopts Rule Enhancements to Prevent Misleading or Deceptive Investment Fund Names（2023年9月20日）
・ICI Statement on SEC Fund Names Rulemaking（Investment Company Institute、2023年9月20日）
・Stakeholder Value: A Convenient Excuse for Underperforming Managers? Ryan Flugum College of Business University of Northern Iowa、Matthew E. Souther Darla Moore School of Business University of South Carolina（2023年8月10日）
・Company ESG Risk Ratings Tesla, Inc.（Sustainalytics）
・Aggregate Confusion: The Divergence of ESG Ratings（Florian Berg, Julian F. Kölbel1, and Roberto Rigobon Review of Finance, Volume 26, Issue 6, 2022年11月）
・The False Promise of ESG（Jurian Hendrikse Tilburg University、2022年3月16日、Harvard Law School Forum on Corporate Governance）
・The Economic Impact of ESG Ratings（Florian Berg, Florian Heeb, Julian F. Kölbel、2023年3月31日）
・ESG Investing: Environmental Pillar Scoring and Reporting（OECD、2020年）
・ESG Global Study 2022（Capital Group）
・Sustainable Finance: Commission takes further steps to boost investment for a sustainable future（European Commission、2023年6月13日）
・Draft Voluntary Code of Conduct for ESG Ratings and Data Product Providers（DRWG、2023年7月）

【第7章】
・Mercedes-Benz and H2 Green Steel secure supply deal（2023年6月7日）
・H2 Green Steel in 1.5 billion Euro agreement with ZF（2023年7月4日）

・Attorney General Bonta Announces Lawsuit Against Oil and Gas Companies for Misleading Public About Climate Change（State of California Department of Justice、2023年9月16日）
・SB-253 Climate Corporate Data Accountability Act.（California LEGISLATIVE INFORMATION）
・Principles for Net-Zero Financing & Investment（United States Department of the Treasury、2023年9月）

【第6章】

・Hess Corporation and the Government of Guyana Announce REDD+ Carbon Credits Purchase Agreement（2022年12月2日）
・JSHELD PERSPECTIVE Carbon Offsets: Overview & Market Outlook in 2003（J, S. Held）
・UNITED STATES DISTRICT COURT CENTRAL DISTRICT OF CALIFORNIA CLASS ACTION COMPLAINT DELTA AIR LINES INC., a Delaware Corporation, Defendant（2023年5月30日）
・UNITED STATES DISTRICT COURT SOUTHERN DISTRICT OF NEW YORK DANONE WATERS OF AMERICA, Defendant.（2022年10月13日）
・Reforming the voluntary carbon market（Compensate）
・Court document（Brendon Payette, Peace Officer, Environment and Protected Area of Calgary, Alberta）
・Integrity Council launches global benchmark for high-integrity carbon credits（The Integrity Council for the Voluntary Carbon Market、2023年3月29日）
・Updated environment guidance: carbon neutral and net zero claims in advertising（ASA、2023年2月10日）
・Proposal for a DIRECTIVE OF THE EUROPEAN PARLIAMENT AND OF THE COUNCIL on substantiation and communication of explicit environmental claims（Green Claims Directive）（European Commission、2023年3月22日）
・Questions and Answers on European Green Claims（European Commission、2023年3月22日）
・Corporate Climate Responsibility Monitor 2023 Net zero or not zero? Combating corporate greenwashing（Carbon Market Watch）
・Nestlé's Net zero. Roadmap（2023年3月）
・NET ZERO PATHWAY 2022（EasyJet、2022年9月26日）
・A blueprint for scaling voluntary carbon markets to meet the climate challenge（McKinsey & Company 、2021年1月）
・JSHELD PERSPECTIVE Carbon Offsets: Overview & Market Outlook in 2023（J,S. Held）
・ASIC commences greenwashing case against Vanguard Investments Australia

ALABAMA, ARKANSAS, KENTUCKY, LOUISIANA, MISSISSIPPI, MONTANA, NEBRASKA, OHIO, SOUTH CAROLINA, SOUTH DAKOTA, AND TEXAS（2022年11月28日）
・Statement before the House Committee on Oversight and Accountability Sean D. Reyes Utah Attorney General（2023年5月10日）
・An update on Vanguard's engagement with the Net Zero Asset Managers initiative（2022年12月7日）
・United States Senate Committee on Budget（2023年6月9日）
・Letter to Net-Zero Insurance Alliance（2023年5月15日）
・Munich Re discontinues NZIA membership（2023年3月31日）
・Statement from the UN Environment Programme on the Net-Zero Insurance Alliance（2023年7月）
・SUPREME COURT OF THE STATE OF NEW YORK COUNTY OF NEW YORK WAYNE WONG, JERIANN JALOZA, JENNIFER DIMEGLIO, JATANIA MOTA,AND AMERICANS FOR FAIR TREATMENT, INC., (Plaintiffs), NEW YORK CITY EMPLOYEES' RETIREMENT SYSTEM, TEACHERS' RETIREMENT SYSTEM OF THE CITY OF NEW YORK, and BOARD OF EDUCATION RETIREMENT SYSTEM OF THE CITY OF NEW YORK, (Defendants)（2023年5月11日）
・同上（2023年8月7日）
・Congress of the United States House of Representative COMMITTEE ON THE JUDICIARY（2023年7月6日）
・GOVERNMENT OF THE DISTRICT OF COLUMBIA OFFICE OF THE ATTORNEY GENERAL（2022年11月21日）
・The Slippery Notion of Boycotts in the Anti-ESG Movement（Cynthia Hanawalt and Denise Hearn the Columbia Law School and Columbia Climate School. SABIN CENTER FOR CLIMATE CHANGE LAW、2023年7月5日）
・The Liability Trap: Why the ALEC Anti-ESG Bills Create a Legal Quagmire for Fiduciaries Connected with Public Pensions David H. Webber（Boston University), David Berger（Wilson Sonsini Goodrich & Rosati), and Beth Young（Corporate Governance & Sustainable Strategies)（2023年2月27日、Harvard Law School Forum on Corporate Governance）
・Oklahoma may be hurting itself with a ban on some big banks and financial firms（THE OKLAHOMAN、2023年5月18日）
・Gas, Guns, and Governments: Financial Costs of Anti-ESG Policies（Daniel G. Garrett, Ivan T. Ivanov、2023年1月2日）
・New Research Shows Legislation to Boycott ESG May Cost State Taxpayers up to $700 Million Excess Payments（Ceres、2023年1月12日）
・2023 STATEHOUSE REPORT: Right-Wing Attacks on the Freedom to Invest Responsibly Falter in Legislatures（Pleiades Strategy）

NBER, Jules H. van Binsbergen University of Pennsylvania and NBER、2021年10月25日）
・Climate Engagement Canada Launches Benchmark to Drive the Net Zero Transition Among Top Canadian Corporate Emitters（2023年5月4日）
・The Divestment Dilemma: Signs of a Further Shift to Energy Engagement?（Goldman Sacks、2023年5月3日）
・PFZW divests more fossil energy companies that are lagging the energy transition（Pensioenfonds Zorg en Welzijn 、2023年2月14日）
・ESG Engagement and Divestment: Mutually Exclusive or Mutually Reinforcing?（Scientific Beta、2020年5月）
・Op-Ed: Anti-apartheid divestment built a movement of people. That's what the climate crisis needs（ Los Angeles Times、2022年2月13日）
・A RATIONALE FOR THE PROTEST AGANIST BANKS DOING BUSINESS WITH SOUTH AFRICA（George Houser、1966年秋）

【第5章】

・Governor Ron DeSantis Signs Legislation to Protect Floridians' Financial Future & Economic Liberty（2023年5月2日）
・Florida Passes Farthest-Reaching Anti-ESG Law to Date（Leah Malone and Emily B. Holland, Simpson Thacher and Bartlett LLP、2023年5月27 Harvard Law School Forum on Corporate Governance）
・Governor Ron DeSantis Announces Initiatives to Protect Floridians from ESG Financial Fraud（2022年7月27日）
・Governor Ron DeSantis Leads Alliance of 18 States to Fight Against Biden's ESG Financial Fraud（2023年3月16日）
・ESG Investing Legislation: Predictions for the 2023–2024 Legislative Session（Morgan Lewis、2023年1月17日、2023年5月5日更新）
・Restricted Financial Institution List（West Virginia,2022年7月28日）
・Florida Treasury Divesting $2 Billion from BlackRock（2022年12月5日）
・Re: Attorneys General Letter, dated August 4, 2022（Blackrock）
・COTTON DEMANDS ANSWERS FROM BLACKROCK ABOUT INVOLVEMENT WITH CLIMATE ACTION 100+, POTENTIAL ANTITRUST VIOLATIONS（2022年7月14日）
・MS. MINDY S. LUBBER CERES, CHIEF EXECUTIVE OFFICER AND PRESIDENT INVESTOR NETWORK REPRESENTATIVE, NORTH AMERICA, CLIMATE ACTION 100+（Congress of the United State House of Representatives COMMITTEE ON THE JUDICIARY,2022年12月6日）
・UNITED STATES OF AMERICA BEFORE THE FEDERAL ENERGY REGULATORY COMMISSION MOTION TO INTERVENE AND PROTEST BY THE STATES AND ATTORNEYS GENERAL OF UTAH, INDIANA,

・Rio Tinto admits 2025 climate target in jeopardy without carbon offsetting（Financial Times、2023年7月26日）

【第4章】

・Church Commissioners for England to exclude oil and gas companies over failure to align with climate goals（The Church of England、2023年6月22日）
・Church of England Pensions Board disinvests from Shell and remaining oil and gas holdings（The Church of England、2023年6月22日）
・The database of fossil fuel divestment commitments made by institutions worldwide（Global Fossil Fuel Divestment Commitments Database）
・Government Pension Fund Global: Exclusion and observation decisions（Norges Bank、2020年5月13日）
・200 and counting: Global financial institutions are exiting coal（Institute for Energy Economics and Financial Analysis（2023年5月4日）
・Norges Bank investments: Comparisons to Canada and 'Not Free' countries（Canadian Energy Centre 、2020年5月15日）
・GREENHOUSE GAS EMISSIONS CANADIAN ENVIRONMENTAL SUSTAINABILITY INDICATORS（Environment and Climate Change Canada、2023年）
・Can Finance Save the World? Measurement and Effects of Bank Coal Exit Policies（Daniel Green, Boris Vallee Harvard Business School 2023年6月16日）
・The Impact of Energy Investments on the Financial Value and the Carbon Footprint of Pension Funds（Michael Zonta, Melanie Issett, Celinda Ma & Olaf Weber School of Environment, Enterprise and Development University of Waterloo 2023年6月26日）
・Anglo American to demerge South Africa thermal coal operations（2021年4月8日）
・Global Coal Exit List（Urgewald）
・LARRY FINK'S 2020 LETTER TO CEOS A Fundamental Reshaping of Finance（BlackRock）
・LARRY FINK'S 2022 LETTER TO CEOS The Power of Capitalism（BlackRock）
・Larry Fink's Annual Chairman's Letter to Investors（BlackRock、2023年）
・California State Senate passes CalPERS/CalSTRS fossil fuel divestment bill（THE PRESS DEMOCRAT、2023年5月26日）
・Why We're Opposing Divestment in Senate Bill 252（CalPERS）
・Fossil fuel divestment has 'zero' climate impact, says Bill Gates（FINANCIAL TIMES、2019年9月17日）
・The Impact of Impact Investing（Jonathan B. Berk Stanford University and

・Global EV Outlook 2023（International Energy Agency、2023年4月）
・Ford statement on 2030（Ford UK、2023年9月20日）
・EV sales collapse as subsidies and tax credits come to an abrupt halt（Rystad Energy、2023年3月2日）
・Mystery solved: Norway's persistent road fuel demand won't last amid rapid EV adoption（Rystad Energy、2023年8月24日）
・The net-zero materials transition: Implications for global supply chains（McKinsey & Company、2023年7月5日）
・U.S. Department of Energy Releases 2023 Critical Materials Assessment to Evaluate Supply Chain Security for Clean Energy Technologies（U.S. Department of Energy,2023年7月31日）
・The Future of Copper: Will the looming supply gap short-circuit the energy transition?（S&P Global、2022年7月）
・OPEC Statement on peak fossil fuel demand（2023年9月14日）
・Outlook Comparison Report（International Energy Forum、2023年2月）
・UNITED STATES SECURITIES AND EXCHANGE COMMISSION SCHEDULE 14A Proxy Statement Pursuant to Section 14（a）of the Securities Exchange Act of 1934 EXXON MOBIL CORPORATION RE: 2023 Glass Lewis Proxy Report Feedback Statement（2023年5月17日）
・ExxonMobil Global Outlook: Our view to 2050（ExxonMobil、2023年8月28日）
・Reducing US oil demand, not production, is the way forward for the climate（Samantha Gross BROOKINGS、2023年9月）
・EIA estimates show a decrease in global surplus crude oil production capacity in 2022（Energy Information Administration、2022年6月24日）
・Short-Term Energy Outlook — August 2023（U.S. Energy Information Administration）
・Godkjenning av nye prosjekter på norsk sokkel（Norway Government, 2023年6月28日）
・Barentshavkonferansen 2023（2023年4月26日）
・MINUTES OF THE ANNUAL GENERAL MEETING OF EQUINOR ASA 10 MAY 2023
・2023 Energy Perspectives（Equinor）
・North Sea oil and gas industry blooms with increasing production and investments（Rystad Energy、2023年9月5日）
・Fossil Fuel Subsidies Surged to Record $7 Trillion（International Monetary Fund 2023年8月24日）
・Fanning the Flames: G20 provides record financial support for fossil fuels（The International Institute for Sustainable Development、2023年8月23日）
・Research reveals no oil and gas companies have plans in place to phase out fossil fuels（The World Benchmarking Alliance and CDP、2023年6月29日）

Bank Investment Management、2023年6月7日）
・'You need to do the math and then explain the math': A talk with ExxonMobil's Darren Woods（McKinsey & Company 、2023年9月12日）
・Oil giant Shell warns cutting production 'dangerous'（BBC、2023年7月6日）
・AND – not or – an orderly transition Bernard Looney, chief executive officer International Energy Week, London（BP、2023年2月28日）
・Upstream Oil and Gas Investment Outlook（International Energy Forum）
・What does the boom in oil and gas projects mean for energy prices?（Goldman Sacks、2023年7月18日）
・U.S. won't reach a new record in oil production 'ever again,' says Pioneer Natural Resources CEO（CNBC、2023年3月9日）
・Drilling Productivity Report Eagle Ford Region（U. S. Energy Information Administration、2023年8月）
・North America Rig Count（Baker Hughes、2023年9月15日）
・Hubbert's Peak is Finally Here（Goehring & Rozencwajg、2023年6月15日）
・Conventional oil and gas exploration activity grows, but discovered volumes remain elusive（Rystad Energy、2023年8月2日）
・Crude oil and natural gas proved reserves held by public companies fell slightly in 2022（U. S. Energy Information Administration、2023年7月11日）
・Oil and gas exploration spending to recover from historic lows, average $22B per annum through 2027（Wood Mackenzie、2023年8月16日）
・US oil and gas reserves, production and ESG benchmarking study 2023（Ernst & Young）
・ExxonMobil signs carbon capture agreement with Nucor Corporation, reaching 5 MTA milestone（2023年6月1日）
・ExxonMobil Announces Acquisition of Denbury（2023年7月13日）
・Biden-Harris Administration Announces Up To $1.2 Billion For Nation's First Direct Air Capture Demonstrations in Texas and Louisiana（U.S. Department of Energy、2023年8月11日）
・Electricity: TotalEnergies Fully Acquires Total Eren After a Successful Strategic Alliance of Five Years（2023年7月25日）
・Decarbonizing Refining: TotalEnergies Launches a Call for Tenders for the Supply of 500,000 tons per year of Green Hydrogen（2023年9月14日）
・Complaint requesting an investigation into apparent greenwashing by Shell plc（Global Witness、2023年2月1日）
・Low-Carbon Investment Tracker: Signs of Slowdown（Energy Intelligence、2023年8月）
・'Greenwashing garbage': Europe's Dirty Dozen oil and gas companies produce only 0.3% renewable energy despite deceptive net zero pledges（Greenpeace International 2023年8月23日）

LINKED BOND", SUCCESSFULLY PLACING A 1.5 BILLION U.S. DOLLAR BOND ON THE U.S. MARKET（2019年9月）
・Performance Report for the Sustainability-Linked Senior Notes due in 2026（Public Power Corporation、2023年3月20日）
・Sustainability Bond Guidelines June 2021（ICMA）
・Klabin Sustainability-Linked Bond Framework（2020年12月）
・Sustainability-linked bonds, A new way to invest in our company and the planet（H&M）
・Chile's Sustainability-Linked Bond Framework February 2022
・Green Finance Portal
・Structural Loopholes in Sustainability-Linked Bonds（WORLD BANK GROUP International Finance Corporation、2022年10月）
・Do Sustainability-linked bonds have a step-up problem?（Federated Hermes）
・Progress Report on Greenwashing（ESMA、2023年5月31日）
・Sustainability-linked bonds do not fit our impact framework（NUVEEN、2023）
・Sustainable Debt Market Summary H1 2023（Climate Bonds Initiative）
・Sustainable Debt Global State of the Market 2022（Climate Bonds Initiative）
・Renewed sustainable finance strategy and implementation of the action plan on financing sustainable growth（European Commission、2018年3月8日、2020年8月5日更新）

【第3章】

・A Balanced Approach: Addressing The World's Energy & Climate Needs（Jane Fraser, Chief Executive Officer, Citi、2023年3月1日）
・Net zero ambition progress update（BP、2023年3月）
・AGM 2023 poll results（BP）
・SUMMARY OF 2023 PROXY VOTING RESULTS（ExxonMobil）
・2023 Proxy Season Review :Part1 Rule 14a-8 Shareholder Proposals（Sullivan & Cromwell、2023年8月11日）
・Proxy Voting and Engagement Guidelines（State Street Global Advisors、2023年3月）
・CEO's Letter on Our 2023 Proxy Voting Agenda（State Street Global Advisors、2023年3月）
・AXA Investment Managers –Corporate Governance & Voting Policy（2022年2月）
・PLSA STEWARDSHIP & VOTING GUIDELINES 2023
・Amid urgent climate warning from IPCC, few companies globally have net-zero targets（S&P Global、2023年4月26日）
・A podcast about our investments：Darren Woods CEO of ExxonMobil（Norges

・Anti-ESG Funds Make Noise. Here's What They Look Like（Morningstar Manager Research 2023年6月8日）
・Davos Manifesto 2020: The Universal Purpose of a Company in the Fourth Industrial Revolution（WORLD ECONOMIC FORUM 2019年12月）
・New governance at Danone Emmanuel Faber steps down as Chairman and CEO Gilles Schnepp appointed non-executive Chairman（2021年3月15日）
・Danone to pioneer French "Entreprise à Mission" model to progress stakeholder value creatin（2020年5月20日）
・Achieving Certification as Largest B Corp™ in the World and Unveiling New Name: Danone North America Celebrates First Anniversary with Two Major Milestones（2018年4月12日）
・2023 Sustainable Investment Survey（PitchBook）
・Charles Schwab UK Investment Forces Study 2023
・State Farm General Insurance Company®: California New Business Update（2023年5月26日）
・Remarks by Secretary of the Treasury Janet L. Yellen at the First Meeting of the FSOC Climate-related Financial Risk Advisory Committee（2023年3月7日）

【第2章】
・Global Sustainable Fund Flows（Morningstar Manager Research）
・EU taxonomy for sustainable activities（European Commission）
・Opening address by President von der Leyen at the EU Sustainable Investment Summit via videoconference（2021年10月7日）
・Swiss pension funds are investing more sustainably: Strong motives, but obstacles too Credit Suisse publishes its 2021 Pension Fund Study（2021年11月30日）
・Aviva Research: 2/3 of people say it is important to consider ESG factors before investing（2021年8月9日）
・Regulation（EU）2019/2088 of the European Parliament and of the Council of 27 November 2019 on sustainability-related disclosures in the financial services sector（Official Journal of the European Union）
・ESG Fund Downgrade Accelerates More fund houses are switching their Article 9 funds to less stringent Article 8 categories, according to Morningstar data（Morningstar、2023年2月）
・Dividing Lines — Sustainability analysis of the largest SFDR Article 8 and 9 ETFs（Matter、2023年5月）
・SFDR Article 8 and Article 9 Funds: Q2 2023 in Review（Morningstar、2023年7月27日）
・ENEL LAUNCHES THE WORLD'S FIRST "GENERAL PURPOSE SDG

参考資料

【第1章】
・BERKSHIRE HATHAWAY INC. SHAREHOLDER LETTERS 2022 Berkshire's Performance vs. the S&P 500
・UNITED STATES SECURITIES AND EXCHANGE COMMISSION STATEMENT OF CHANGES IN BENEFICIAL OWNERSHIP
・SECURITIES AND EXCHANGE COMMISSION SCHEDULE 13G WELLS FARGO&COMPANY
・CLIMATE REPORT 2022 BUILDING TO NET ZERO（Occidental Petroleum）
・Dominion Energy Announces Sale of Remaining Interest in Cove Point（2023年7月）
・Signatory Update（The Principles for Responsible Investment January to March 2023）
・ABP stops investing in fossil fuel producers（ABP 26 October 2021）
・The Press Democrat: California State Senate passes CalPERS/CalSTRS fossil fuel divestment bill（2023年5月）
・Company ESG Risk Rating Berkshire Hathaway, Inc（MORNINGSTAR SUSTAINALYTICS）
・2023 Overall Rankings（JUST Capital）
・BERKSHIRE HATHAWAY INC.NOTICE OF ANNUAL MEETING OF SHAREHOLDERS（2021年5月1日）
・Warren Buffett Berkshire Hathaway Annual Meeting Transcript 2021（Rev）
・BlackRock Investment Stewardship Vote Bulletin: Berkshire Hathaway, Inc.
・The United States Senate Committee on the Budget（2023年6月9日）
・DEPARTMENT OF LABOR Employee Benefits Security Administration Financial Factors in Selecting Plan Investments（Federal Register / Vol. 85, No. 220 / Friday, November 13, 2020 / Rules and Regulations）
・Prudence and Loyalty in Selecting Plan Investments and Exercising Shareholder Rights（2022年12月）
・Governor Ron DeSantis Leads Alliance of 18 States to Fight Against Biden's ESG Financial Fraud（2023年3月16日）
・Investors and Businesses Call on Policymakers to Protect the Freedom to Invest Responsibly（Ceres、2023年3月）
・HARVARD CAPS HARRIS POLL（Field Dates: July 19-20, 2023）
・Strive's Flagship U.S. Energy Fund DRLL Exceeds $230 Million in AUM and $320 Million in Traded Volume Within 2 Weeks of Launch（Strive）
・Strive Adds Proxy Advisory Services to Financial Service Offerings, Strive to disrupt historic Glass Lewis/ISS duopoly（Strive、2023年1月10日）

〈著者紹介〉
山下　真一（やました・しんいち）
日本経済新聞社　金融・市場ユニット　シニアライター

1987年日本経済新聞入社。証券部記者、シカゴ支局長、証券部次長などを経て、東京編集局法務報道部長。その後、デジタルメディア局次長、副ユニット長。2020年から現職。著書に『オイル・ジレンマ』『日経プレミア　資源カオスと脱炭素危機』（いずれも日本経済新聞出版）がある。

環境投資のジレンマ
反ESGの流れはどこに向かうのか

2024年1月5日　1版1刷

著　者　山下　真一

発行者　國分　正哉
発　行　株式会社日経BP
日本経済新聞出版
発　売　株式会社日経BPマーケティング
〒105-8308 東京都港区虎ノ門4-3-12

装丁　野網雄太
印刷／製本　三松堂
本文DTP　マーリンクレイン
ISBN978-4-296-11898-4